**MONUMENTO
PARA A
MULHER
DESCONHECIDA**

MONUMENTO PARA A MULHER DESCONHECIDA

ENSAIOS ÍNTIMOS SOBRE O FEMININO

renata corrêa

ROCCO

Copyright © 2022 *by* Renata Corrêa

Direitos desta edição reservados à
EDITORA ROCCO LTDA.
Rua Evaristo da Veiga, 65 – 11º andar
Passeio Corporate – Torre 1
20031-040 – Rio de Janeiro – RJ
Tel.: (21) 3525-2000 – Fax: (21) 3525-2001
rocco@rocco.com.br
www.rocco.com.br

Printed in Brazil/Impresso no Brasil

preparação de originais
IRIS FIGUEREDO

CIP-Brasil. Catalogação na publicação.
Sindicato Nacional dos Editores de Livros, RJ.

C845m

Corrêa, Renata
  Monumento para a mulher desconhecida: ensaios íntimos sobre o feminino / Renata Corrêa. – 1. ed. – Rio de Janeiro: Rocco, 2022.
  21 cm.

  ISBN 978-65-5532-217-0
  ISBN 978-65-5595-106-6 (e-book)

  1. Ensaios brasileiros. I. Título.

22-75624

CDD: 869.4
CDU: 82-4(81)

Meri Gleice Rodrigues de Souza – Bibliotecária – CRB-7/6439

O texto deste livro obedece às normas do
Acordo Ortográfico da Língua Portuguesa.

"Nada é mais público que o estritamente pessoal."
MARGUERITE DURAS

"Não sei separar os fatos de mim, e daí a dificuldade de qualquer precisão quando penso no passado."
CLARICE LISPECTOR

Sumário

Introdução 9

Padrão Indiana Jones 15

Monumento para a mulher desconhecida 23

Essencialismo biológico é coisa de homi tosco 29

Mulheres que escrevem demais 37

Puerpério 45

Carga mental na pandemia 53

Impostora 63

Leve não é vazio 73

Garota exemplar 77

Interlúdio 85

Homens desconstruídos e os relacionamentos abertos 93

Peitos   101

6 de julho, o dia de Frida Carlos   109

Poder e bananadas   113

Manuela & Marcela   121

Parte 2: Manuela & Marcela   127

Elena Clarice Gloria Carolina   133

Hímen pra quê?   139

Por que a gente goza tão pouco?   151

Clandestinas   159

Agradecimentos   173

Introdução

É ALGO QUE PRECISO DIZER antes de começar: minha avó materna não sabe ler nem escrever. Às vezes, na minha fantasia fico imaginando aonde aquela mulher extremamente determinada e inteligente chegaria se tivesse sido alfabetizada. Sempre volto a ela, Zilda, quando penso na minha obsessão por elaborar, relembrar e registrar por escrito aquilo que eu e outras mulheres vivemos. Essas mulheres desconhecidas e admiráveis, que por uma série de circunstâncias não puderam contar as suas histórias — ou nem foram ouvidas quando ousaram contar.

O caminho para chegar a esse lugar foi cheio de curvas. Algumas bonitas, outras mais perigosas. Apesar de escrever pequenas histórias e poemas desde criança, isso nunca me pareceu algo sustentável e eu ainda não tinha elaborado de forma mais organizada como colocar a escrita a serviço dessas vozes. Duas coisas foram fundamentais para que eu encontrasse esse caminho.

A primeira delas foi a política. E a minha formação começou em casa: minha mãe era funcionária pública, de esquerda, e fazia questão de me levar a tiracolo para manifestações, presídios, acampamentos do MST; minhas primeiras lições de democracia foram dadas na prática em assembleias de servidores do Estado do Rio de Janeiro. Assistente social, defensora dos direitos humanos e leitora voraz, minha mãe me criou em uma casa cercada por Paulo Freire, Heloneida Studart, Gabriel Garcia Márquez. Naturalmente, essa formação me levou ao movimento estudantil — fui filiada à UJS (União da Juventude Socialista) durante alguns anos e participei ativamente da política estudantil no Rio de Janeiro, e ali aprendi a como articular a minha escrita para um propósito.

O feminismo nesse período estava distante do meu repertório político; eu me considerava briguenta, estourada, pavio curto, mas hoje sei que era só minha reação às opressões do machismo que atravessavam meu corpo. Até que aconteceu a segunda coisa: a popularização da internet banda larga para a classe média no Brasil.

Foi na internet que eu encontrei um veículo de expressão que contemplasse aquilo que me causava angústia; primeiro escrevendo ficção em blogs. Os meus textos falavam muito de relacionamentos, e hoje para mim fica claro como essa ideia de investigar as relações amorosas e sexuais entre homens e mulheres vinha da minha perplexidade com o desnível de poder dentro da intimidade que eu ainda começava a experimentar. Quem podia ou não expressar o desejo e quem estava autorizado a persegui-lo. Fui entender a dimensão política disso ao ser convidada para o coletivo Blogueiras Feministas, em 2010.

Para quem não sabe, as BF's, como nos chamávamos na época, foi uma iniciativa pioneira no Brasil de debates e divulgação de conhecimento teórico a respeito do feminismo. Ali tive contato com o conhecimento que se tornaria o ponto de partida para a minha formação e para a minha prática feminista até hoje. Rapidamente o grupo cresceu, publicávamos e debatíamos diariamente questões como violência doméstica, maternidade, aborto. E foi assim que comecei a publicar meus textos nas redes sociais.

Pejorativamente chamado de "textão", muitas ativistas e militantes usaram esse recurso para trazer ao público suas elaborações. Começaram ali a tentar fazer uma ponte entre os conceitos das teóricas e o público em geral. Esse movimento aconteceu em diversas partes do mundo, surgiram sites brasileiros e gringos como Lugar de Mulher ou Jezebel, nos quais o feminismo era tratado de forma mais próxima, mais acessível. Os textos geravam identificação imediata, e muitas de nós conseguiram pela primeira vez falar de dores que sentíamos, mas que ainda não tinham nome: abuso, assédio, *gaslighting*, estupro marital.

Decidi levar a ideia de facilitar e simplificar conceitos mais adiante e filmei um documentário sobre aborto no Brasil, o *Clandestinas*, e comecei o canal de vídeos *Como não ser um machista babaca*. Apesar de serem experiências excelentes, o fato é que a escrita sempre foi a plataforma na qual eu me sentia em casa. Era escrevendo que eu elaborava as minhas ideias, organizava minhas opiniões e conseguia ser mais clara. A internet se tornou minha casa, meu quartinho do castigo, meu escritório. Um espaço sem fronteiras, de diálogo e interlocução permanentes. A ideia toda me parecia utópica e sedutora. Mas dentro da utopia sempre existe o ovo da distopia.

Não preciso dizer aonde chegamos; estamos no ápice de um tempo em que as relações são mediadas pelas nossas figuras públicas on-line. Para o bem e para o mal. Nós, *millennials*, aprendemos que precisamos trabalhar o tempo todo para alcançar o mínimo de conforto e segurança financeira, e, no momento em que não estamos trabalhando, estamos lapidando cuidadosamente a nossa persona on-line para que possamos conseguir o próximo sexo, o próximo delivery e o próximo trabalho que vai nos explorar. Isso nunca se encaixou para mim. Sempre foi difícil e penoso administrar essa dimensão do meu trabalho.

Olho com bastante nostalgia para um passado super-recente no qual os debates acalorados aconteciam por listas de e-mail, sem limitação de caracteres e argumentos, em que as ideias de "passar pano" e de "cancelamento" nem sequer existiam.

É possível hoje ter um discurso feminista sem uma prática feminista; comprar um produto empoderado, mas não bancar a luta política. Pode parecer uma crítica dura, mas não é — sou sempre pelo pragmatismo, e, se uma mulher vive mais feliz hoje do que há dez anos, conhece melhor a si mesma e aceita menos violência porque leu um post do Instagram que vende um batom cheio de autoestima, por mim tudo bem. Mas sinto que ainda é importante que o feminismo resgate para si o caráter de ser uma ideologia perigosa. Não existe feminismo inofensivo para o *status quo*.

Escrever, para mim, é uma forma de reafirmar esse perigo. Por muito tempo as experiências de mulheres eram consideradas íntimas, e seus registros a respeito de suas vidas ou mesmo a construção ficcional que tratava das vidas das mulheres ganhavam o selo de obra menor, diário pessoal. Claro que o mainstream ia desprezar esse tipo de texto: tirar do escuro as experiências das mulheres é revelar por dentro as estruturas sociais que oprimem meninas e mulheres no mundo. Quando dizemos o que sentimos e pelo que passamos, nossa existência se legitima e fica impossível ignorar as falhas de um sistema que ainda proíbe (ou tenta proibir) o nosso desejo, o nosso prazer, o nosso sustento e a nossa imaginação.

Luto para manter minha imaginação livre e para que ela não fique girando em falso, sempre voltando aos mesmos lugares. A imaginação e o sonho são valores muito subestimados na nossa sociedade tecnicista e racional, como se não fossem manifestações humanas válidas. Mas isso acontece principalmente porque o sonho e a imaginação são ferramentas importantes para grupos sociais e políticos. É o lugar onde nosso intelecto e nossa intuição se alinham para buscar alternativas para escapar, e essa capacidade de criar mundos e relações é uma habilidade feminina que coloca a sociedade em xeque, que resgata esse perigo.

O perigo também é uma via de mão dupla. Este livro é um exercício de honestidade radical, no qual trago reflexões sobre o feminismo, mas também histórias autobiográficas e íntimas. Acredito que a experiência de uma mulher, quando verbalizada, pode iluminar pontos cegos que nos impedem de enxergar com clareza as dores que sofremos e o fato de que elas não têm origem em nós. Muitas vezes têm origem na maneira como somos tratadas, subestimadas e silenciadas. E esses comportamentos nunca são questionados, pois são considerados naturais. Estão nas piadas sexistas de colegas de trabalho, no marido legal que diz não ter habilidade para trocar fraldas, na amiga que dá aquele toque amoroso para que a gente emagreça. As regras para que sejamos boas mulheres, mulheres aceitas, são tantas que ficamos ocupadas tentando obedecê-las, sem direito a uma investigação profunda a respeito de quem somos e do que desejamos.

O livro se chama *Monumento para a mulher desconhecida* exatamente para lembrar que, se estou aqui e posso falar, muitas não puderam. Foram as esmagadas por uma vida doméstica inescapável, por uma maternidade indesejada, pelo assassinato político, pela punição da sexualidade, pelo encarceramento, pela loucura e pela desumanização. Eu sobrevivi. Mas eu não gostaria que precisássemos ser sobreviventes. Se podemos escrever, e se quem está do outro lado pode ler, devemos honras e gratidão não só para aquelas que venceram, foram pioneiras e mudaram o jogo. Mas também para aquelas que repetiram suas experiências femininas na intimidade, no universo doméstico e que nunca puderam falar sobre isso publicamente ou questionar o próprio destino. Foram elas que, com suas mãos invisíveis, cheias de trabalho, nos trouxeram até aqui.

Quando escrevo estas experiências íntimas ao público e posso finalmente politizar, zoar, rir, me arrepender e me perdoar a respeito do que vivi, espero estar abrindo uma fenda para que outras mulheres também possam fazer o mesmo. Que, ao passarmos por essa brecha, mesmo que ela seja estranha e desconfortável a princípio, também seja uma passagem para um lugar mais acolhedor, mais humano, onde a invisibilidade não nos alcance e possamos nos orgulhar de quem somos, por inteiro. Mesmo, e principalmente, nas nossas contradições.

Com amor e esperança,
Renata

Padrão
Indiana Jones

Eu poderia começar este texto dizendo que, quando era pequena, queria ser arqueóloga; o que seria uma meia verdade. Revirando as minhas lembranças com mais sinceridade, tive muito mais vontade de ser patinadora do Carrefour, jornalista, correspondente de guerra, domadora de cavalos no circo, estilista e, finalmente, escritora. Mas, durante um curto período, eu quis ser arqueóloga. Ou melhor, *arqueólogo*. Eu queria ser o Indiana Jones.

Vontade muito justificada, claro. Ele é culto, bonito, é um intelectual sarado, engraçado e malandro, usa um chapéu maneiro, mulheres fodonas gostam dele, viaja pra caramba e é generoso, porque, apesar de se arriscar muito, nada é para ele mesmo: é pra salvar o mundo dos nazistas. Parabéns, Harrison Ford, você foi o primeiro humano que me fez usar o chuveirinho do banheiro para fins sexuais; antes eu só tinha me apaixonado por desenhos animados.

O padrão Indiana Jones se estabelece quando mulheres e meninas, ao observarem os modelos de sucesso e felicidade, percebem que aquilo que é oferecido para elas não é o suficiente. Homens brancos e heterossexuais realizam mais, se divertem mais, transam mais, são mais amados e admirados; logo, ser mulher é chato e cheio de limites, e ser homem é um lugar muito interessante. É fácil então pensar, quando jovens, que somos mulheres, mas não "mulheres comuns". Vamos correr atrás de ser como os garotos, de andar com eles, conversar com eles, valorizar a opinião deles e amá-los, na esperança de que possamos ter as vantagens sociais que eles têm.

É comum observar esse comportamento na mulher que diz "não se dar bem com outras mulheres", "não ter saco para assunto femininos" ou "só ter amigos homens, com eles não tem competição, picuinha, mimimi". O que muitas não percebem é isso não nos protege. Não melhora nossos salários, não nos liberta sexualmente, não nos defende de violência; tudo isso só é possível com luta política coletiva, falando e ouvindo outras mulheres. Aprender a admirar outras mulheres e descobrir modelos aspiracionais femininos é um passo importante para que possamos nos olhar também com admiração e auto-amor, sem precisar da muleta da aprovação masculina.

O que não entendi logo de cara foram as conexões entre sexo, arqueologia, chicote e tesão. Não entendi a diferença, aparentemente simples, entre querer ser alguém e querer estar junto de alguém. Talvez eu não tenha entendido muito bem até hoje; às vezes preciso me esforçar para separar dentro de mim essas duas forças tão poderosas: ser e estar.

É um tema espinhoso, pois o padrão se repete. Nós vemos de fora, superficialmente, uma mulher bonita, dentro do "padrão de beleza", se relacionando com um homem brilhante, poderoso, de destaque. A leitura rasa e precipitada é a ideia de que mulheres são "interesseiras" e "gostam de dinheiro". Essa é uma mentira martelada nos nossos ouvidos até que pareça verdade, ainda mais quando pensamos no duplo perfeito: mulheres inteligentes, poderosas e que se destacam nas suas áreas em geral não exibem suas conquistas sexuais, vivem num celibato simbólico ou em longos relacionamentos. A própria Simone de Beauvoir, ícone feminista, teve um relacionamento conturbado e bem desvantajoso para o lado dela com o filósofo Jean-Paul Sartre. Mulheres poderosas que performam sua sexualidade em público, ostentando suas conquistas como qualquer homem com um carguinho de gerência numa empresa obscura são rotuladas como prostitutas pela opinião pública: Rihanna, Anitta, Madonna. Uma mulher que ostenta conquistas sexuais causa uma repulsa que inexplicavelmente não atinge os homens que fazem a mesma coisa.

Ou seja, mesmo que você "chegue lá", os prêmios e a diversão não estarão ao seu alcance. O que vemos o tempo inteiro é que, mesmo que nosso talento seja reconhecido, a única coisa que vamos ganhar é um tapinha nas costas de "não fez mais do que a sua obrigação". E o pior: talvez sejamos usadas como exemplo. Afinal, se uma de nós conseguiu, todas são capazes de conseguir. Não foi o machismo estrutural que puxou o tapete; foi a mulher que não foi talentosa, brilhante ou esforçada o suficiente.

A verdade é que o patriarcado estreita tanto as opções das mulheres, destruindo nossos caminhos, erguendo muros e colocando portões e cadeados nos lugares onde deveríamos estar, que por muitas vezes acreditamos que o máximo que podemos chegar de brilhantismo é estar perto de um homem que emana calor, criatividade, vitalidade. Eles, o sol; nós, um planetinha ainda não descoberto pela astronomia.

Nós, mulheres, tivemos nossas subjetividades tão esmagadas ao longo dos cinco mil anos de patriarcado que até nossos sonhos e nossa imaginação, que não deveriam ser regulados por regras sociais, foram ficando pequenos até caber nas minúsculas caixinhas de esposa e mãe que nos são permitidas. Mesmo as mulheres que correm livres, destruindo correntes com seus corpos e com suas ideias, estão sempre relatando ou vivendo um problema com relacionamentos. Como o fato de não serem amadas como merecem ou de não conseguirem nem mesmo o sexo fácil — os homens têm medo, ou brocham, ou fogem antes que qualquer intimidade se estabeleça. O caso das mulheres heterossexuais que procuram um relacionamento é ainda mais complicado. É quase impossível encontrar um homem que nos veja de igual para igual. O clichê da mulher interesseira tem também um duplo: a mulher que sustenta toda a relação, financeira e emocionalmente, com um homem que só comparece se for convocado.

Uma mulher que ostenta conquistas sexuais causa uma repulsa que inexplicavelmente não atinge os homens que fazem a mesma coisa.

Os dois casos são sintomas tristes de como os espaços que merecemos são negados e de como somos cobradas de forma cruel. Não importam nossas conquistas ou sonhos, poucas coisas funcionam tão bem para medir o nosso sucesso social quanto estar em um relacionamento (as outras três coisas são a magreza, a juventude aparentemente eterna e a maternidade).

Talvez por isso, desde a adolescência, eu tenha me remoído de inveja dos homens, e posso falar sem medo de parecer triste ou rancorosa.

É um sentimento feio, mas um mundo construído para que apenas homens triunfem é mais feio ainda. Os meninos podiam brincar na rua, então eu ia pra rua. Eles desciam de bicicleta a ladeira mais alta, sem os pés, então eu levava minha Caloi Ceci cor-de-rosa de cestinha até uma ladeira ainda maior e soltava as mãos, com pavor e desafio, mesmo que isso significasse me esborrachar lá embaixo. De muitas maneiras, eu me esborrachei. Eu me esborrachei sempre que acreditei que, se corresse atrás e fizesse tudo que eles faziam, se fosse melhor do que eles, se provasse que nada poderia me parar, talvez eu pudesse ser amada.

Veja bem, não é uma estratégia totalmente falha. Afinal, eu via o quanto de amor os homens e os meninos dedicam a outros homens e meninos. Eles se parabenizam, se congratulam. Eles se admiram entre si, gostam da companhia uns dos outros. Se eu fosse mais parecida com um homem, poderia ser amada por eles. A única falha do meu plano é que eu sou mulher. E continuaria sendo, mesmo se descesse a ladeira de pé no banco da bicicleta, terminando a exibição com um salto mortal.

Essa inveja foi se misturando com o meu desejo. Eu acabava me apaixonando de pura inveja. Eram homens feios, vis, viciados em pornografia, misantropos, cocainômanos, irresponsáveis, limitados intelectualmente, inaptos emocionalmente, egoístas sexualmente. Queria sugar deles o privilégio da mediocridade, privilégio ao qual nunca tive acesso. Como filha mais velha e escolarizada de uma casa suburbana, só me foi dada a opção de ser bem-sucedida. De ir mais longe do que a minha mãe e a minha avó. Eu deveria ser o meu próprio bilhete dourado, o provedor e a esposa troféu ao mesmo tempo. Eu deveria ser a fuga da limitação que me aguardaria se eu continuasse inerte e obedecesse ao destino de menina que se repetia no meu bairro. Eu deveria ser moralmente superior e intelectualmente alinhada; aquela que não abandona a escola, a que não bebe álcool, aquela que não engravida na adolescência em uma transa apressada com um namoradinho que goza nas coxas. A atrofia emocional foi inevitável: demorei para transar, para beijar, para me apaixonar e, quando essas coisas aconteceram, eu me sentia falhando, errando, como se tudo que fosse prazer virasse obstáculos que me impediriam de viver bem.

Então continuei a olhar os homens com inveja. Eles podiam fazer a porra que quisessem sem pensar nas consequências. Cada um desses homens que investiguei (me apaixonei?) eram frestas pelas quais eu gostava de observar. E se eu fosse má, tosca, entediada, violenta, medíocre eególatra? E se eu pudesse ser tudo isso e ainda assim ganhar todos os prêmios?

É claro que estar ao lado desses homens e tentar ser como eles não me trouxe alegria nenhuma, só muita dor de cabeça e um coração tão partido que, se pudessem me enxergar por dentro, provavelmente veriam o sangue vazando por suas rachaduras. Mas tudo bem, ter um coração partido me ensinou que eu não poderia ser o Indiana Jones.

Afinal, o Indiana Jones nunca teve o coração partido, então eu não poderia ser ele. De verdade, eu não gostaria mais de estar naquela pele, nem quero ser como as moças bonitas que o acompanhavam — e tentei tantas vezes ser as duas coisas que teve um tempo em que não só o meu coração estava partido, mas eu estava dividida por completo. Como se fosse impossível ser mulher e ser inteira.

Meu nome tem consoantes agressivas e vogais suaves. Sussurrei para mim o meu nome, escrevi-o em cadernos, gritei-o em voz alta, trazendo-o de volta. Leva tempo para uma mulher descobrir no próprio nome e no próprio corpo o exato lugar onde ela deve estar. Nenhum outro corpo ou outro nome vai te levar exatamente aonde você quer ir.

Monumento para a mulher desconhecida

Eu estava numa roda com umas vinte pessoas. Eram mulheres, em sua maioria. Contavam sobre as suas dores e sobre os seus medos. Eram muitos os medos. De morrer. De ter filhos. De não ter filhos. De câncer de mama, igual ao da mãe e da avó. Medo de o aborto feito na adolescência ter consequências físicas, além das emocionais. E ali naquela roda elas também fizeram o pacto de se reconstruir e de criar novas histórias para si mesmas.

O ano era 2015. Eu estava num momento de mudança. De casa, de trabalho, de estado civil. Eu estava cansada e não sabia como conseguia me levantar da cama — o diagnóstico, meses depois, seria de síndrome de *burnout*, mas naquele momento eu não sabia disso ainda. Mas falei sobre esse cansaço. Chorei. O lance era meio místico, meio pseudociência. Eu não estava levando muita fé. Mas eu precisava de alguma coisa; não de uma solução, não acredito em soluções. Eu precisava ser ouvida.

Eu estava desacreditada da mágica das coisas sutis que se movem por nós. Apesar de ser uma desconfiada, sei que existem poucas forças mais poderosas do que falar e ser escutada. Nessa fé eu nunca deixo de acreditar.

Pediram para que eu me levantasse e fechasse os olhos. Obedeci, pois quando você está emocionalmente mais parecida com um pano de chão do que com uma mulher, você faz o que é preciso para criar pernas, braços, cérebro e coração de novo. Eu, pano, me arrastei pelas paredes da sala. Perguntaram o que eu via. Geralmente, vejo muitas coisas; minha imaginação é fértil, meus sonhos são vívidos, eu completo imagens inteiras na minha cabeça.

Mas, naquele momento, era só vulto e escuridão. A gente sabe que o escuro não é vazio. É no ventre frio e escuro da terra que as sementes e as raízes planejam as plantas e as flores que vão explodir na primavera. Então elas começaram a sair de lá. Das sombras. Vultos. Vultos eloquentes de mulheres. Quem são vocês? E elas me respondiam: "Sou sua avó, sou sua bisavó. Sou a mãe do seu bisavô."

Elas me responderam que eram as mulheres esquecidas da minha ascendência. Eram as mulheres sem nome que não conseguiram imprimir as suas histórias no verbo familiar. Foram elas que, silenciosas, limparam bundas, fizeram pratos de comida e pariram filhas e filhos que me trouxeram até aqui. Foram elas que tiveram sonhos que não viram luz. Elas que não sei se gozaram ou amaram, mas que torci ali, de olhos fechados, para que sim.

Elas não venceram num jogo cujas regras só valem para os sobreviventes do tempo. Percebi que eu estava cansada pois elas estavam comigo e não podiam falar. É um peso que toda mulher carrega: para estarmos aqui hoje, existiram as mulheres que lutaram e venceram, mas existiram também aquelas que sucumbiram. E não vamos saber muito sobre elas. Às vezes não vamos saber nada. E elas estão nos nossos genes e na nossa memória, sussurrando coisas indizíveis, receitas, segredos, sangues — tem um pedacinho de você que é mulher invisível. Abri os olhos, chorando. As mulheres vivas da roda me abraçavam, elas tinham dado corpo e rosto a quem não teve essa chance. Chorei mais, solucei, abracei de volta. A história de cada mulher não é feita apenas das vitoriosas, mas principalmente daquelas que ficaram para trás.

Queria eu que em cada grande cidade, em sua praça principal, existisse um monumento para a mulher desconhecida. Aquela que lutou batalhas que jamais saberemos, mas que, com suas mãos invisíveis, nos trouxe até aqui, com pequenas resistências.

Saí da roda me sentindo limpa, leve. Como se o meu corpo fosse uma casa e eu tivesse sido faxinada, esfregada, varrida. No ponto de ônibus, fiquei pensando que em cada grande cidade existe pelo menos um monumento ao soldado desconhecido: homens que foram para guerra e nunca voltaram. Seus corpos não identificados de quem esteve em combate, mas nunca pôde receber uma medalha. Mesmo minúsculos e parte de uma engrenagem muito maior do que a vida, eles puderam ser lembrados. Queria eu que em cada grande cidade, em sua praça principal, existisse um monumento para a mulher desconhecida. Aquela que lutou batalhas que jamais saberemos, mas que, com suas mãos invisíveis, nos trouxe até aqui, com pequenas resistências.

Que a mulher desconhecida possa viver também através dos nossos corpos. Corpos que repetem gestos de amor. Das mãos que tiram os esmaltes dos cantos, dos dentes escovados pela manhã, dos braços que embalam bebês, dos pés que fogem e dançam. Corpos que repetem. Corpos que não esquecem jamais.

Essencialismo biológico é coisa de homi tosco

UMA DAS ESTRATÉGIAS MAIS ENGENHOSAS do patriarcado é fazer com que nós, mulheres, acreditemos que a opressão que a gente sofre é responsabilidade das diferenças "naturais" entre homens e mulheres, como se o sexo biológico determinasse habilidades, gostos, talentos, temperamento. O nome dessa prática, de definir quem somos por causa da nossa genitália, se chama essencialismo biológico. E isso é uma praga.

O essencialismo biológico parece anedota de salão; é sempre defendido em mesas de bar, festinhas e eventos sociais por pessoas que querem ser "contra a corrente", combater o "politicamente correto" e dizer a "verdade". E essa verdade seria que a natureza é sempre boa, correta, quando a natureza não faz nenhum juízo moral de nada. Cansei de revirar os olhos ouvindo um homem tosco, pretensamente intelectual, tentando me convencer dessa baboseira, enquanto eu simplesmente tentava tomar meu drinque. Nos piores momentos eu reagi; nos melhores, revirei os olhos e fui procurar outra rodinha de pessoas para conversar.

Com certeza você já foi abordada pelo mesmo tipo de gente. Você estava aproveitando os seus momentos de lazer e relaxamento e foi obrigada a ouvir coisas como: "o homem trai porque tem instinto caçador ancestral"; "o homem é agressivo e impulsivo por conta da testosterona". Ou já ouviu que as mulheres são mais aptas a tarefas de cuidado, pois o seu cérebro é assim desenhado. Ou que, desde os tempos pré-históricos, os homens saíam para se aventurar (fazendo uma relação com os homens que saem para o mercado de trabalho), e as mulheres ficavam nas cavernas (fazendo relação com as tarefas de cuidados domésticos). Além desses argumentos não terem base científica real — antropólogos[1] já sabem que, nos grupos pré-históricos, tanto homens quanto mulheres saíam para caçar e que, em algumas populações, mulheres eram responsáveis por mais de 70% da proteína animal consumida pela comunidade. Neurocientistas[2] já admitiram que não existem diferenças estruturais significativas entre os cérebros de homens e mulheres — essa crença (pois é uma crença, estilo terra plana) exclui o fato de que seres humanos não são apenas animais vítimas de seus instintos, e sim seres dotados de consciência, construtores de cultura, que foram capazes de inventar diversos modos de vida ao redor do planeta.

---

[1] SAINI, Angela. *Inferior é o car*lhØ*. Rio de Janeiro, RJ: Darkside, 2020.
FINE, Cordelia. *Testosterona Rex: Mitos de sexo, ciência e sociedade*. São Paulo, SP: Três Estrelas, 2018.
[2] RIPPON, Gina. *Gênero e os nossos cérebros: Como a neurociência acabou com o mito de um cérebro feminino ou masculino*. Rio de Janeiro, RJ: Rocco, 2021.

Se fatores biológicos fossem os únicos a serem considerados, como se explicariam as sociedades matrilineares e matriarcais que ainda resistem no mundo? Entre o povo Bribri, na Costa Rica, apenas mulheres podem herdar propriedades. Em Mosuo, no Tibete, a identidade do pai de uma criança é completamente ignorada, pois a cultura e a tradição são passadas de mãe para filha. Akan, em Gana, é uma comunidade tradicional fundada por mulheres em que homens têm papéis predeterminados por elas. Seriam essas sociedades compostas por genes recessivos e falhas genéticas?

Assim como a maioria dos argumentos que advoga uma suposta superioridade ou diferença essencial entre homens e mulheres, o essencialismo biológico é cheio de furos e duplos padrões. Ora, a primeira coisa que penso é que, se os homens acreditassem sempre em uma suposta razão da natureza em detrimento da cultura e das escolhas humanas, eles também deveriam ser contra o uso de antibióticos para combater infecções — afinal, a bactéria filha-da-puta-micróbio-do--caralho está seguindo a natureza e nosso sistema imunológico também. Vamos deixar o mais forte vencer, sem interferências! É um pouco hipócrita os homens defenderem a primazia da biologia só quando o assunto é a superioridade masculina sobre as mulheres, e não quando pegam uma infecção.

Algumas pessoas podem pensar, com boa intenção, que o essencialismo biológico não fala de superioridade e inferioridade, e sim de diferenças entre os sexos, sem juízo de valor. Mas, curiosamente, as características atribuídas às mulheres sempre são negativas (instabilidade emocional por causa de hormônios, por exemplo) ou de tarefas que a sociedade paga mal ou não paga (tarefas domésticas ou de cuidado). Já as características que supostamente são naturais aos homens só justificam comportamentos inconsequentes (o homem tem muitos espermatozoides e pode fecundar uma mulher por dia!) ou lucrativos (homens assumem mais riscos, por isso avançam mais na carreira!).

O essencialismo biológico, apesar de parecer baseado em evidências, não é ciência. É só um discurso de poder que usa supostos dados científicos, interpretando-os de uma maneira favorável à manutenção do *status quo*, ou seja, para que as coisas permaneçam como estão. As evidências científicas não mentem, mas mentem aqueles que desejam usar pesquisas de maneira distorcida e equivocada para que mulheres continuem em uma condição subordinada. Se as pessoas que advogam pelo essencialismo biológico estivessem realmente preocupadas com o que dizem as evidências, estariam se perguntando por que o índice de testosterona dos homens cai quando eles estão felizes ou cuidando de um bebê; ou por que em algumas tribos no norte da África mulheres recém-paridas atam seus bebês ao corpo com tecidos e saem para caçar pequenos animais junto a outras mulheres, inclusive idosas. Ou quem sabe questionar a teoria da seletividade sexual feminina, que diz que mulheres escolheriam parceiros provedores, quando nas cidades em todo mundo só cresce o número de lares sustentados unicamente por mulheres.

Desconfie de quem diz para você que a natureza determina a totalidade do seu destino. O corpo é uma gama infinita de possibilidades, e quanto mais as mulheres acreditam nisso, menos podem nos dominar.

Os defensores do essencialismo biológico também dizem que a mulher é pouco afeita ao risco, é mais conservadora para proteger a própria vida e a da prole. Se a gente pensar que a maioria esmagadora dos feminicídios acontece dentro das casas e que os assassinos são os companheiros das vítimas, a mulher heterossexual é o animal com o comportamento mais arriscado do planeta. Será que toda essa tragédia está impressa nos nossos genes? Claro que não.

Poderia ficar aqui listando argumentos e evidências de que o nosso comportamento não é um destino fatal determinado pelos nossos genes nem pelo nosso gênero. Mas posso apenas dizer que, se um discurso te parecer confuso e conservador, se usa algum tipo de autoridade obscura para reforçar a ideia de que nosso corpo é apenas funcional e só pode ser usado para essas tarefas predeterminadas — como, por exemplo, reprodução —, talvez a pessoa com esse discurso só esteja reforçando a ideia de que as mulheres devem ficar no lugar social determinado a elas para que homens continuem se divertindo com os seus privilégios, sem nenhuma chata para reclamar dessa desigualdade. Desconfie de quem diz para você que a natureza determina a totalidade do seu destino. O corpo é uma gama infinita de possibilidades, e quanto mais as mulheres acreditam nisso, menos podem nos dominar.

Da próxima vez que você, homem, pensar em usar o argumento da biologia para justificar comportamentos desleais, violentos, irresponsáveis ou simplesmente idiotas, se perdoe — você não nasceu horrível assim, e esse não é o seu destino. Ainda há tempo. E você, mulher, quando ouvir um argumento desse tipo e ficar balançada, ponderando que talvez deva acreditar que existam limitações impostas pelo seu sexo biológico, lembre-se de que a trajetória humana é de invenção, reconstrução e imaginação, e não um amontoado de hormônios sem decisão — esse corpo cheio de fluidos, neurônios e órgãos é nosso, e cada célula dele grita liberdade.

Mulheres que escrevem demais

ERA UMA VEZ UMA POETA muito promissora, uma moça bonita, de cabelos dourados e um sorriso contagiante. Seu nome era Joyce. Ela conheceu um escritor talentoso e jovem e também muito promissor. Eles se admiravam, trabalhavam juntos e tentavam essa coisa viscosa e difícil que é viver de arte. Viver de amor. Em algum momento eles se casaram, tiveram quatro filhos e foram muito felizes. Ela desistiu de escrever para apoiá-lo. Fez a comida, lavou as cuecas, criou as crianças. Ele escreveu o livro favorito da minha adolescência — *Pergunte ao pó* —, teve uma carreira de altos e baixos como roteirista em Hollywood e uma produção extensa como autor. Na biografia de John Fante, Joyce Fante é uma nota de rodapé, a mulher abnegada que datilografou *Sonhos de Bunker Hill* quando o marido ficou cego em decorrência da diabetes.

Eu também sou roteirista e escritora, ninguém além de mim faz meu jantar, e já perdi a conta de quantos filmes eu vi em que um homem brilhante tinha uma esposa, ficante, peguete, pretendente, namorada, amante ou tico-tico no fubá que, quando o bicho pegava, quando ele duvidava de si mesmo, quando as trevas pareciam se abater sobre o talento e as nuvens escureciam o horizonte daquele jovem promissor, ela estava lá. Ela segurava a nuca do homem, olhava nos seus olhos e dizia que ia dar tudo certo. Que ele era o cara e bastava acreditar em si mesmo. Ela cuidava do mundo doméstico para que esse homem pudesse ter um chão sólido para pisar quando voltasse da guerra horrenda que é tentar sobreviver pelo seu intelecto. Ela transava com ele para aplacar a sua angústia. Ela o amava e, quando ela o amava, ele tinha forças para continuar.

Tirando *As horas*, em que o marido da Virginia Woolf é a encarnação da benevolência no planeta Terra, não lembro de imediato de outra dramaturgia de fôlego, na cultura pop, que mostre essa relação se invertendo. E não, não é coisa da ficção — é da vida real mesmo. A vida imita a arte, a arte imita a vida etc. etc.

Alguns anos atrás eu ainda trabalhava como assistente de direção em um programa de entrevistas sobre cinema. Fazia pesquisa, pauta e entrevistava diretores, fotógrafos, roteiristas, diretores de arte, produtores, atores Brasil afora. Era muito legal, eu conhecia gente bacana e adorava saber como as pessoas tinham chegado naquele lugar dourado a que eu aspirava. Nem vou falar da abissal diferença entre a quantidade de homens e mulheres nessas posições. Acho que, para cada dez entrevistados, tínhamos duas mulheres, se muito. Mas isso fica para outro texto. O que me impressionou foi a narrativa dessas mulheres. E o quanto todas as histórias tinham um componente em comum: a solidão. É claro que homens que criam também possuem o seu naco de solidão no mundo, mas a solidão delas era diferente. Não era a solidão feliz de ter escolhido algo, mas a solidão de ter *abandonado* algo.

Certa vez, em uma dessas entrevistas, fui até a casa de um roteirista bem-sucedido, premiado, benquisto e gente finíssima. Ele me recebeu no seu apartamento num bairro descolado e rico de São Paulo. A entrevista foi num escritório com paredes cobertas por livros em prateleiras de madeira sólida. Invejei sua cadeira macia e ergonômica, o suporte que ele usava para o laptop de última geração em cima de uma mesa centenária que pousava em um chão de mármore. Vi seus filhos pequenos, louros, lindos e educadíssimos brincando e correndo pela casa, e sua esposa retirando-os de cena para que o papai pudesse dar uma entrevista. Ao mesmo tempo em que eu gravava a história de superação daquele homem que saiu de uma periferia violenta e hoje usava calças bem cortadas e não escrevia nem o próprio nome antes que números cheios de zero à direita caíssem na sua conta, eu ouvia a esposa e a babá na cozinha, organizando o dia dos pequenos, a hora que a van escolar passaria para buscá-los, o cardápio do jantar, que horas levá-los para a natação. As duas histórias, a do roteirista (sendo gravada com câmera e iluminação para a posteridade) que teve que superar muitas dificuldades para chegar ao lugar que chegou, e a da esposa com a babá (invadindo sorrateiramente por debaixo da porta), tecendo o fio da rotina para que ele caminhasse bem, ficaram ali se entrelaçando na minha cabeça, montando essa teia comum que se repete todos os dias desde o início dos tempos.

Não era a solidão feliz de ter escolhido algo, mas a solidão de ter *abandonado* algo.

Não vou problematizar a escolha individual de ninguém. Tenho muitos amigos escritores, diretores e produtores que vivem bem dessa forma assim: dedicam-se integralmente a essa tarefa árdua que é o processo artístico e têm relações felizes com mulheres que os amam e os apoiam nessa empreitada. Também não vou problematizar as escolhas individuais dessas mulheres.

Mas vou, sim, problematizar por que essa história se repete tanto. Quantas escritoras, diretoras, dramaturgas, artistas plásticas, fotógrafas possuem esse privilégio? Poucas, muito poucas. Quantas de nós temos o direito de trancar a porta do escritório sem antes lavar a louça, preparar a comida e colocar as crias para dormir? A madrugada é amiga da mãe-artista. Às vezes, a única amiga.

Eu particularmente nunca tive isso. E não acho que seja coincidência que eu e minhas amigas que atuam na produção artística também não tenham o cara segurando a nuca, olhando no olho e falando: "vai lá amor, vai mudar o mundo que eu seguro o rojão desse banheiro sujo, dessa fralda cagada." Claro, estou falando de um recorte muito específico, a produção artística. Mas o quanto essas relações não se repetem em qualquer outro trabalho qualificado, como ser uma cirurgiã, gerente de uma grande empresa, acadêmica, cientista? Quantas mulheres talentosas não se tornam grandes apoiadoras de homens talentosos e quantas mulheres talentosas estão se fodendo e se virando nos trinta com jornadas estafantes para estarem nos lugares onde merecem estar?

E não achem que essa é uma coisa que se estabelece só através das relações amorosas de afeto romântico. Dia desses, recebi um texto tristíssimo sobre a irmã do Mozart, uma musicista excepcionalmente talentosa, muitas vezes considerada melhor que o irmão, e que foi retirada pelos pais da vida artística para aprender a ser uma boa esposa, enquanto os recursos da família se concentraram em fazer com que Mozart se tornasse Mozart. O próprio músico dizia que a irmã compunha dez vezes melhor do que ele. E o mundo, infelizmente, nunca vai ouvir.

Depois de ler esse texto sobre Nannerl Mozart, fiquei imaginando o quanto temos deixado de ver, ouvir, sentir, observar por conta desse contexto. O quanto estamos perdendo diversidade de olhares para o mundo ao impedir que mulheres de talento tenham condições objetivas e materiais para se expressar. O quanto essas escolhas, essas desistências, não são mediadas por um meio inóspito para mulheres artistas, um meio que nos diz que vamos fracassar e que é melhor investir num cavalo com mais chances de ultrapassar a linha de chegada. Isso porque eu nem fiz o recorte da mulher negra, da mulher lésbica, bissexual, trans, periférica. Aí é sentar e chorar.

Perdem as mulheres, claro. Mas principalmente perde o mundo, que fica menos colorido em representações, em potência e em frescor proporcionados por um olhar não majoritário.

Nannerl trocou cartas com o irmão até o fim da vida. Casou-se com um homem rico e bem mais velho, por imposição dos pais. Teve diversos filhos, mas nunca abandonou a música. Continuou compondo em segredo. Fazia *soirées* na sua propriedade, tocava para os amigos íntimos. Por fim, abriu uma escola de música e deu aulas para meninas até o fim da vida, mostrando que a paixão pela arte não se apaga, apenas se torna uma brasa, pronta para queimar novamente.

Puerpério

"Um dia, quando eu lhe falava do que vivenciava como o desconforto de ser mulher, ele me disse: 'Você não é a única, isso não a torna menos sozinha.'"

(Catherine Millot sobre Lacan em *A vida com Lacan*)

MULHERES COM TRINTA, TRINTA E poucos, trinta e muitos, e com filhos na primeira infância estão pedindo a separação. Ou pedindo relacionamentos abertos. Ou estão em crise com seus maridos. É um fenômeno, pelo menos na classe média em que vivo, no século XXI, numa cidade grande no Brasil. Mas intuo que o fenômeno seja maior que isso. São mulheres que depois da maternidade se chocaram com uma opressão estrutural de maneira que nunca perceberam antes. Que viram seus companheiros, antes tão modernos, tão esclarecidos, tão "desconstruídos" se beneficiando dos mesmos privilégios de seus pais e avôs provedores, que deixavam suas esposas em casa enquanto iam "ganhar a vida". Nem de longe dividem as tarefas, nem de longe estabelecem uma parceria real. Não se sentem remotamente felizes com as conquistas e os desejos delas. Criam espaços em que suas companheiras estão longe do seu potencial criativo, humano e de felicidade. Daí o puerpério passa, o bebê se torna um pouco mais independente, e a máscara dos homens cai. As mulheres passaram por uma transformação brutal, e eles ficaram à margem. Algumas se quebraram e não se recuperaram, ainda tateiam pelos escombros; outras se reerguem mais rápido e florescem novamente, como seres sexuais e desejantes, com outros projetos e uma visão mais ampla de vida. E, nos dois casos, as mulheres percebem que, se for para receber um pouco, receber qualquer coisa, é melhor receber nada e se bancar sozinha. Afetiva, financeira e emocionalmente.

Algumas são generosas e propõem acordos. Tentam transformar essa solidão imposta em parceria, em algo real, significativo. E os homens resistem.

"Olha, mas minha companheira tão dócil, tão alegre, tão ideal, que me amava tanto agora quer morar em casas separadas, ir à casa de *swing*, abrir o relacionamento, fazer terapia de casal!" Que horror, né? Que desgraça! Outras intuem ou pressentem que não há terreno fértil para que nada de novo cresça e rompem de uma vez. Cortam pela raiz.

Parece que há um complô de mulheres, uma cartilha a ser seguida, uma cartilha de crise, que deixa o terreno da família movediço, instável, inseguro. Os homens nunca se colocam no problema. "O que aconteceu com nossas mulheres? O que aconteceu que eu não sirvo mais? O que elas querem, afinal? O que faz delas tão insatisfeitas?"

Mas se há uma movimentação feminina que acontece na intimidade por relações mais justas e satisfatórias, se existe um movimento que pinga das torneiras das casas, na cama feita, no pó de café derrubado na bancada, nas manchas escuras e misteriosas nas roupas, se existe algo que está se infiltrando pelas paredes do lar, se essas mulheres se movem ao mesmo tempo, arriscando não só as casas, mas também os bairros e ameaçando inundar e incendiar as cidades, é porque os homens não foram capazes de amá-las como elas merecem ser amadas, respeitá-las como merecem ser respeitadas, desejá-las como merecem ser desejadas, honradas como merecem ser honradas.

Que surpresa, não é mesmo? Que coisa surpreendente.

Sempre me lembro de uma história que contam na minha família sobre uma prima de segundo grau que desapareceu quando o filho fez dois anos. Voltou um ano depois dizendo que desapareceu de cansaço.

Eu perdi a conta de quantas vezes quis desaparecer, e acabei desaparecendo mesmo, des-existindo.

Antes de reclamar de alguma articulação maligna de mulheres que agora querem gozar, questionem a si mesmos se vocês, homens, maridos, companheiros, estão ajudando suas mulheres a permanecerem vivas depois do nascimento dos filhos, ou se são mais uma camada do véu que nos faz ficar invisíveis.

Uma vez soube de um médico que justificou a cesárea da paciente dizendo "o bebê está com unhas grandes, vai te rasgar inteira por dentro quando passar". Pode parecer engraçado, mas é só a manifestação mais tosca da ideia de que o corpo da mulher é falho e estúpido, e é uma metáfora bem clara sobre como, para certos homens, a mulher serve para ser um buraco de enfiar pinto. Uma maternidade exercida com autonomia, um parto no qual somos as protagonistas e não o médico que sabe tudo, vai nos destruir, vai nos rasgar por inteiro, vai nos tirar do jogo sexual e deixar a nossa boceta interditada, machucada, mutilada. Aí qualquer desculpa vale, até do tamanho de unhas que ficaram mergulhadas em líquido amniótico por meses. É muita cara de pau! Os crimes que se cometem com os corpos das mulheres são a base social em que vivemos. São o chão em que nós pisamos e que mantém o mundo que conhecemos girando. Nos ensinam que o estupro e a violação são aceitáveis, que sexo é submissão ao desejo do outro, que ser bonita é a única maneira aceitável de estar no mundo, mesmo que isso sacrifique nossa saúde física e nossa sanidade mental. E, por fim, no momento do parto, quando não devemos deixar um filho nos destroçar para continuarmos lindas e disponíveis para o olhar masculino. São cruéis as fotos de celebridades recém-paridas, que são o modelo da maternidade e feminilidade que deveríamos seguir. Elas dizem: "Sou mãe, mas estou intacta." É o mesmo discurso da pureza sexual atualizado. A mulher intacta é a mulher permitida. *Like a virgin*.

Um delírio: admitirmos que um corpo materno é um corpo com história, um corpo transformado pela sua história.
E que, mesmo transformado, um corpo materno não é apenas um corpo que cuida, mas um corpo que deseja, que goza.

Que homem olhou a barriga do pós-parto, o peito inchado de leite, a cara redonda de hormônios dessa mulher e teve a coragem de amá-la?

Que mulher pode se olhar no espelho com tranquilidade no pós--parto e honrar esse corpo que transou, gozou, gestou e pariu uma vida nova sem se comparar com os corpos de pós-parto editados digitalmente para parecerem intocados? Antes, pelo menos, a obsessão era com um hímen imaginário, hoje é com a pureza perfeita de todo corpo da mulher, da cabeça aos pés.

Corpos que vivem e têm história não são intactos. Não são puros. Tiveram contato com dança, bebida, sexo, comida, fluidos corporais, vírus, acidentes. Ao corpo contemporâneo dito saudável só é permitido ser tocado por uma rotina militarizada, autoritária e sem alegria. E um corpo intocado só serve para o fetiche de ser violado. *Touched for the very first time*.

Um delírio: admitirmos que um corpo materno é um corpo com história, um corpo transformado pela sua história. E que, mesmo transformado, um corpo materno não é apenas um corpo que cuida, mas um corpo que deseja, que goza.

Um dia, coletivamente, como sociedade, vamos olhar para trás e ficar chocados com a maneira como as mulheres eram tratadas pelas vozes da autoridade médica, e vamos nos perguntar com ingenuidade sincera: mas como isso pôde acontecer? Como ninguém percebeu? Como ninguém fez nada?

Enquanto isso, afiemos nossas unhas para sermos as pessoas que colaboram para o fim desse sistema, e não aquelas que ajudam a perpetuar toda essa violência.

Carga mental
na pandemia

Um espinafre está murchando na gaveta de vegetais na geladeira. Apesar de estar trancada no escritório do meu apartamento, trabalhando em *home office* durante a maior crise sanitária da história recente, o espinafre é como um volume incômodo que toma os meus pensamentos, uma massa vegetal que vai se desdobrando no meu cérebro até que as suas folhas verdes ocupem quase todos os meus pensamentos, com ramificações inesperadas. Por causa do espinafre, último exemplar de alimento fresco na geladeira da casa, penso que já está na hora de ir ao mercado e que devo fazer uma lista mais inteligente para evitar o desperdício de comida. Lembro que acabou o papel higiênico e que talvez não tenha arroz o suficiente para o jantar, logo também me preocupo se a minha filha está se alimentando de forma saudável e que isso é importante para sua imunidade, ainda mais durante uma pandemia.

Será que deixei alguma vacina do calendário infantil passar? Tenho que procurar a caderneta. E dar um jeito na gaveta de documentos. O espinafre é para mim como a *madeleine* de Proust no livro *Em busca do tempo perdido*. Mas, em vez de me transportar para minha doce juventude, o espinafre me introduz a uma lista infinita de afazeres domésticos que devem ser executados. Sou vencida por essa avalanche de planejamento mental, saio do escritório, vou até a cozinha e aviso para o marido, que está responsável pelas refeições do dia:

— Você pode refogar o espinafre para o almoço?

Ele responde:

— O que é refogar?

A história, que virou piada na nossa família, é um exemplo de como funciona a carga mental, termo criado por teóricas feministas para designar o trabalho intelectual, mental e emocional executado pelas mulheres. A carga mental é um trabalho invisível de planejamento das tarefas domésticas e de gerenciamento familiar. A ideia não é nova. Foi instituída na década de 1970 pela escritora e ativista Silvia Federici, aperfeiçoada por pesquisadoras e feministas ao longo dos anos, mas ganhou corpo e fama nas redes sociais depois de um artigo do *The Guardian*, da colunista Jess Zimmerman, que ironizava o fato de existir uma cultura que acredita que mulheres são multitarefas e que são naturalmente desenhadas para executar funções do lar.

Ouvir pela primeira vez o que era carga mental e como ela funcionava foi revelador; fazia muito sentido para mim que tudo relacionado ao trabalho doméstico e às tarefas de cuidado com a minha família exigisse planejamento e conhecimento prévio. Fui mandando artigos e textos para as minhas amigas, e a identificação era imediata. Ao falar com os amigos homens, a recepção não era tão calorosa. Eles nem sequer entendiam que se lembrar de aniversários, comprar presentes para as datas comemorativas ou ter sempre pó de café na despensa eram tarefas que exigiam um esforço mental, que entulham as mentes de suas companheiras todos os dias. Esse trabalho de gerenciamento intelectual e emocional de famílias inteiras, muitas vezes numerosas, fica na responsabilidade de uma única pessoa, e essa pessoa costuma ser a mulher da casa.

Apesar do esforço que as feministas têm feito ao longo das décadas para que homens e mulheres se conscientizem de que as tarefas domésticas devem ser de responsabilidade de todos em uma casa, a distribuição igualitária desse trabalho ainda parece distante: em pesquisa realizada em 2018,[3] o IBGE constatou que mulheres brasileiras dedicam 73% a mais do seu tempo a tarefas domésticas em comparação aos homens. Isso já seria um dado alarmante, mas é importante lembrar que o trabalho mental envolvido nesses serviços não é medido por essa estatística.

Enquanto a educação dos homens não inclui o aprendizado das tarefas domésticas, as meninas são ensinadas desde cedo de quanto em quanto tempo toalhas devem ser trocadas, a colocar o feijão de molho no dia anterior ao cozimento, que as roupas brancas devem ser separadas das roupas coloridas antes da lavagem ou simplesmente a saberem onde está o material escolar que os filhos precisam para fazer as tarefas. Já os homens que se consideram bons companheiros alegam que participam das tarefas, como se a casa ainda fosse o espaço essencialmente feminino

---

[3] PAINS, Clarissa. Mulheres dedicam 73% mais tempo do que homens a afazeres domésticos. *O Globo*, 2018. Disponível em https://oglobo.globo.com/brasil/mulheres-dedicam-73-mais-tempo-do-que-homens-afazeres-domesticos-22462181. Acesso em 09/12/2021.

e eles apenas a ocupassem. É o famoso "homem que ajuda", e a palavra *ajuda* já mostra o suficiente de quem é a responsabilidade. Para os homens, existe um distanciamento emocional dessas atividades. Eles se sentem muito confortáveis em mostrá-lo, seja batendo no peito com orgulho para dizer que sua sortuda companheira só precisa pedir que ele faça algo ou perguntando como executar uma tarefa simples em vez de simplesmente executá-la — como no caso do meu marido, muito bem-intencionado, que gostaria de fazer o almoço, mas ainda não se sentia apto a executar a complicada função de unir alho ao óleo quente em uma panela e jogar um espinafre meio morto lá dentro.

A carga mental nos transforma em zumbis, mulheres permanentemente ocupadas que não têm tempo nem para questionar esse sistema ou descobrir o que querem para si mesmas, para seus relacionamentos e para suas vidas.

O que os números do IBGE também não mostram é a diferença do peso da carga mental para mulheres brancas e negras. Apesar da pesquisa revelar pequenas variações no tempo dedicado ao trabalho doméstico entre mulheres brancas (17,7 horas) e mulheres negras (18,6 horas), as mulheres das classes mais abastadas terceirizam o trabalho doméstico para mulheres negras e periféricas. O trabalho doméstico é mal remunerado, tem poucas garantias e custa pouco para famílias brancas, o que acaba criando a ilusão de alguma igualdade dentro das casas de classe média — infelizmente, esse é apenas mais um índice da nossa sociedade profundamente desigual. Cabe à mulher branca a tarefa de gerenciar a relação com a trabalhadora doméstica, da qual o homem se abstém. Enquanto isso, as trabalhadoras domésticas, já precarizadas, estão submetidas a um estresse adicional: uma carga mental dupla, um trabalho emocional e intelectual perpétuo que deve ser feito na própria casa e na casa dos patrões. E esse trabalho não é mensurado nem tampouco remunerado.

Durante a pandemia de covid-19, essa crise doméstica provocada pela carga mental ficou ainda mais evidente: as reclamações de mulheres a respeito da falta de habilidade dos maridos com as tarefas da casa tomaram conta das redes sociais e dos grupos privados de WhatsApp de diversas classes sociais. Enquanto mulheres falam sobre a compra de materiais de limpeza mais eficientes, sonham com robôs aspiradores de pó e testam receitas naturebas com vinagre e bicarbonato para limpar banheiros, os homens continuam acreditando que são bons companheiros — afinal, é só pedir que eles se levantam para lavar a louça, como se o amontoado de panelas, talheres e copos indo até o teto fosse invisível até o momento que uma mulher diz que a louça está lá, finalmente dando materialidade a um problema que eles fingem não enxergar.

A exaustão feminina se tornou um problema tão grave que as teóricas que estudam o tema estão abandonando os termos "jornada dupla" e "jornada tripla de trabalho" para adotar o termo "jornada contínua". Nessa jornada, a sequência de tarefas e seu planejamento são tão esmagadores, e os limites entre vida doméstica e trabalho tão tênues, que a mulher não está trabalhando apenas enquanto dorme. E isso é uma das faces mais cruéis do machismo.

Quando a mulher está em permanente estado de alerta e atenção para cumprir todos os deveres impostos, ela não tem tempo para criar, para cuidar da própria saúde, para investir na carreira ou simplesmente ter oito horas de sono. A carga mental nos transforma em zumbis, mulheres permanentemente ocupadas que não têm tempo nem para questionar esse sistema ou descobrir o que querem para si mesmas, para seus relacionamentos e para suas vidas. Em um nível mais emocional e profundo, como mulheres vão conseguir refletir sobre essas desigualdades e lutar contra elas e por mais direitos, ou mesmo entender que merecem mais afeto dentro de um relacionamento insatisfatório, se as nossas mentes estão permanentemente ocupadas, sem nenhum período de descanso ou reflexão? A resposta é tão triste quanto simples — enquanto as nossas mentes estiverem lotadas de tarefas acumuladas que deveriam ser divididas entre duas ou mais pessoas, não vamos conseguir.

Felizmente, pouco a pouco, essas crenças ganham oposição, seja nas pesquisas de neurociência e gênero, que avançam e já não encontram diferenças estruturais significativas entre os cérebros feminino e masculino, seja nas ciências sociais e no ativismo político, que estão, de forma consistente, demonstrando que a divisão sexual do trabalho é cultural e que a manutenção dessa estrutura é nociva para as mulheres. E, se ela não é natural e foi construída, também pode ser desmontada, dando espaço para que homens e mulheres possam repensar um modo mais justo de se relacionar dentro de suas casas; mas isso não pode ser mais um dos esforços unilaterais das mulheres, precisa ser trabalho intelectual, emocional e prático também dos homens.

Depois do drama do espinafre, decidi abrir mão do meu papel de professora de prendas do lar e simplesmente voltei para o escritório, tentando não pensar mais em listas de compras e vegetais que se estragam rápido demais. Fiquei imaginando uma realidade alternativa ecológica, utópica, afetuosa, onde conhecimentos tradicionais, saberes domésticos e tarefas intelectuais e técnicas sejam igualmente valorizadas e remuneradas, onde humanos tenham acesso a artefatos hipertecnológicos, como geladeiras inteligentes e tapetes autolimpantes, e em que finalmente os homens estejam dispostos a desafogar suas companheiras desse trabalho chato e ingrato que é pensar o tempo inteiro "o que fazer para todo mundo dentro dessa casa estar bem".

Mas esse é o futuro distante — e há outro futuro que fica logo ali. Fui chamada para o almoço e nenhuma desgraça aconteceu. O espinafre foi refogado e por iniciativa própria do cozinheiro do dia, com ajuda do Google e da mãozinha na consciência. O vegetal foi picado, temperado, incluído em uma receita de creme que deixou todos em casa muito felizes. Uma grande refeição e um pequeno passo em direção a uma realidade em que mulheres mais relaxadas e homens menos folgados poderão viver em harmonia.

Impostora

Rolo a *timeline* do Twitter, esse passatempo que mistura vício e tédio, mas que me engana com a falsa sensação de estar informada e conectada com o mundo. Não estou lendo quase nada, e o Twitter é a minha nova televisão ligada: fica ali, aberto, enquanto faço outras coisas mais interessantes. Mas um tuíte me chama a atenção. Na foto do avatar, uma mulher muito bonita, de olhar confiante, cabelo cheio, encaracolado e loiro. O texto dela diz: "Se o meu currículo fosse o de qualquer outra pessoa, eu ia morrer de inveja. Tava revisando aqui e olha... Eu não me dou o valor que eu realmente merecia, viu."

Quem escreveu a reflexão foi a promissora comediante Bruna Braga. Sensação na internet, sucesso no *stand-up comedy* — um gênero de humor dominado pelos homens —, é estrela de um programa no canal Comedy Central, assina colunas em revistas, já esteve na bancada do prestigiado programa *Roda Viva* e coleciona elogios de grandes nomes do *show business* como Fábio Porchat e Emicida. O currículo de Bruna é realmente impressionante para uma mulher tão jovem (que fique registrado: quando escrevi este texto, ela estava com apenas 26 anos). Mas, para a humorista, olhar todas essas conquistas não a faz acreditar que é merecedora delas.

Começo a investigar o que faz mulheres brilhantes acreditarem que não chegaram aonde estão por mérito próprio. Numa breve pesquisa na internet, relatos se empilham a respeito de um comportamento comum entre nós: a síndrome da impostora. É verdade que homens podem ser contaminados pela síndrome, mas ela é tão amplamente relatada por mulheres que não dá pra ignorar um forte componente de gênero, e também de raça, nesse conjunto de sintomas.

Sim, sintomas. Como qualquer síndrome, ela é complexa e reúne fatores que, juntos, formam uma condição. A literatura médica costuma nomear as síndromes em homenagem ao cientista que sistematizou esse conjunto de sintomas ou do paciente que apresentou esse conjunto de sintomas pela primeira vez. Gostaria de saber quem foi a primeira mulher que mesmo se esforçando e tendo resultados positivos pensou que não era boa o suficiente e que seria descoberta como uma farsa, uma mãe de merda, uma amiga de merda, uma namorada de merda, uma profissional de merda. Alguém que pela primeira vez chegou no lugar que ocupa e acreditou que foi por um lance de sorte, que nada teve a ver com o seu talento, sua formação ou dedicação.

Essa voz interna, que censura, que rebaixa, que desqualifica, é uma piadista. Ela se agarra a um fiozinho de insegurança ou de medo de fracasso para dizer que não somos boas o suficiente e que a qualquer momento seremos descobertas.

Recentemente, num momento de forte estresse emocional por conta de um prazo apertado no trabalho, chorei de cansaço sentada no sofá de casa. O marido veio correndo, desabalado, achando que alguma tragédia tinha acontecido, e eu só consegui responder:

— Eu não sei escrever. Vão me demitir.

O homem deu uma gargalhada tão solta que fiquei sem ação — tenho um livro publicado e mais dois a caminho, gravo um podcast de cultura que exige uma pesquisa extensa, escrevo programas de TV há quinze anos e, bem... você está me lendo agora. O que era um absurdo digno de gargalhada para o marido, para mim, era uma realidade concreta. Naquele momento, sentada no sofá, eu tinha certeza de que sequer tinha sido alfabetizada aos cinco anos de idade, que era incapaz de juntar palavras passíveis de serem lidas. Nos segundos entre o meu choro e a gargalhada dele, eu não sabia escrever, e ninguém no mundo era capaz de me convencer do contrário.

A voz da impostora é poderosa. Ela tem um timbre muito parecido com a nossa própria voz, confunde as mais talentosas e espertas, pois sussurra uma ameaça do patriarcado: ser mulher é ser inferior. Ser mulher não é o suficiente neste mundo. Apesar de ter um tom feminino, essa voz não cresceu dentro de nós sozinha, ela nos foi dada, e o mundo ao redor confirma a suposição de que as mulheres não estão preparadas para lidar com os desafios de um mundo não doméstico.

É quase impossível almejar um espaço onde nunca vimos uma mulher antes. A ativista negra norte-americana Marian Wright Edelman disse: "You can't be what you can't see." *Você não pode ser algo que não vê*, em tradução livre. A cantora e superestrela da música pop Beyoncé usou essa frase no seu especial *Homecoming*, um chamado para que minorias políticas ocupem espaços de visibilidade: cada uma de nós que amordaça a impostora e segue em frente acaba inspirando mulheres ao redor a fazer o mesmo. Existimos, afinal.

A voz da impostora é poderosa. Ela tem um timbre muito parecido com a nossa própria voz, confunde as mais talentosas e espertas, pois sussurra uma ameaça do patriarcado: ser mulher é ser inferior.

Infelizmente, não é tarefa fácil silenciar essa voz. Apesar dos grandes avanços dos direitos das mulheres nas últimas décadas, muitas profissionais ainda encaram um fenômeno chamado *glass ceiling*, um teto de vidro invisível do qual não passamos e além do qual é possível alcançar os lugares mais altos, mais bem-sucedidos e melhor remunerados. Mulheres não conseguem chegar a esses lugares por diversos motivos estruturais, que nunca têm a ver com suas habilidades ou seus talentos. A pouca proteção do Estado e das leis para as mulheres que são mães faz com que 50% das brasileiras sejam demitidas depois de voltarem da licença-maternidade. Práticas como o assédio sexual e moral expulsam as mulheres que não confiam nas empresas e instituições para protegê-las de chefes abusadores. O compartilhamento de informações entre colegas homens não chega às mulheres. Uma mulher com tripla jornada não pode ficar dando pinta toda sexta-feira no *happy hour* — e na manhã de segunda sabe que as promoções e os elogios foram regados a álcool e piadinhas excludentes. O mundo do trabalho foi moldado e permanece funcionando com uma engrenagem machista que não inclui as especificidades das mulheres.

Fui perguntar para Thais Fabris, fundadora da agência 65|10, especializada em comunicação para mulheres, o que ela achava sobre a síndrome da impostora, e a resposta foi esta aqui: "Muitas não têm a noção de que os seus problemas não são individuais, e sim estruturais, elas não sabem que têm mais chances de serem demitidas, ganharem menos ou não conseguirem emprego por serem mulheres (ou negras, ou mães) e acabam se sentindo menos aptas, quando seu problema real é o machismo e/ou o racismo."

Segundo relatório da Agência 65|10 sobre Mulheres na Pandemia, as palavras que mais definiram mulheres em 2020 foram: "exaustas", "estressadas" e "com medo". E como não estaríamos? Em tempos pandêmicos, a situação da mulher trabalhadora ainda se agrava. Na crise, nós estamos sendo mais demitidas e também estamos abandonando mais os nossos empregos, pois as tarefas de cuidado dentro das casas são, historicamente, trabalho não remunerado feito por mulheres.

Não podemos esquecer um dos aspectos mais trágicos das tarefas de cuidado numa pandemia: o cuidado com os doentes e também o luto. Muitos de nós perdemos amigos, pais, mães, colegas de trabalho, filhos. Até o momento em que eu escrevia este livro, eram mais de 600 mil brasileiras e brasileiros mortos, e as mulheres que sobreviveram não tiveram nenhum apoio oficial para atravessar a crise financeira e a tempestade emocional causadas por essas mortes para retomarem as suas vidas. Como acreditar em nós mesmas se sempre estamos sendo empurradas para trás? Se, durante a pior conjuntura política e econômica, somos nós que somos relegadas a lugares subalternos?

Certamente existem mulheres que vão conseguir atravessar essas barreiras e chegar a lugares de poder e destaque, mas isso em nada cala a voz da impostora dentro de nós, pobres mortais, e duvido também que cale a voz da impostora das que conseguiram. O preço parece tão alto, doloroso e sobre-humano que muitas de nós desistimos antes de tentar.

Hipátia, única mulher enterrada no panteão de gênios da humanidade na Grécia Antiga, foi uma filósofa, oradora e matemática. Em um mundo que começava a ampliar fronteiras e horizontes, ela foi fundamental ao descobrir um método para calcular grandes números, o que permitiu que a Grécia e a Alexandria pudessem vender insumos agrícolas para outros países. Nada mais justo ser considerada genial. Mas sua carreira foi interrompida quando adversários políticos a raptaram, esquartejaram e queimaram viva em uma igreja.

Marie Curie, vencedora de dois Prêmios Nobel, morreu vítima de contaminação por rádio, definhando de forma dolorosa.

Marielle Franco, quinta vereadora mais votada do Rio de Janeiro em 2016, foi assassinada em 2018 por uma organização criminosa com motivações até hoje não esclarecidas. Os lugares de poder, quando alcançados por mulheres, são perigosos e podem levar à morte. O patriarcado nos diz que aquele não é o nosso lugar e que, se o aceitarmos, nosso destino é a aniquilação — a simbólica e a real.

A impostora nos diz que o poder, esse oásis ainda intocado, é uma miragem fatal: não é para nós ou vai acabar com a gente de um jeito ou de outro. E, finalmente, eu tenho que dar razão para essa patife. O poder realmente não é para nós, mulheres; ao menos, não esse poder — violento, autoritário, que para ser alcançado precisamos eliminar concorrentes e nos sentarmos no topo, solitárias. Para que a impostora se cale, precisamos mudar a definição do que é o poder, de como ele funciona e, principalmente, como se parece. Uma breve pesquisa no Google Imagens pelos termos "CEO", "Médico" e "Presidente" nos devolve uma infinidade de rostos de homens brancos de meia-idade. Se não nos vemos, como almejamos ser? Temos que reinventar o poder para ocupá-lo. Da maneira como existe hoje, só um tipo de pessoa está autorizada a acessá-lo. O poder pode ser outro lugar. Um espaço de transparência onde decisões são tomadas de forma coletiva, onde responsabilidades são divididas, onde erros e acertos são repartidos igualmente. Tive algumas experiências profissionais nesse sentido, com mulheres da indústria audiovisual, e foram as minhas melhores experiências profissionais. No momento da carreira em que estou, posso por vezes montar salas de roteiro que privilegiam uma criação coletiva, onde todos se sintam não só donos das histórias que criamos, mas das nossas histórias. Nem sempre consigo, mas é uma luta que vale a pena ser lutada.

Os lugares de poder, quando alcançados por mulheres, são perigosos e podem levar à morte. O patriarcado nos diz que aquele não é o nosso lugar e que, se o aceitarmos, nosso destino é a aniquilação — a simbólica e a real.

A verdade é que não nos sentiríamos impostoras e incapazes se empresas e empregadores, escolas, universidades, organizações religiosas e outros espaços onde o poder se concentra estivessem dispostos a lidar com as diferenças raciais e de gênero, adaptando o ambiente para que homens e mulheres tivessem as mesmas oportunidades, observando que esses grupos de pessoas possuem necessidades diferentes para dar o seu melhor. É hora de pensar no poder não como um objetivo a ser alcançado, mas como um lugar a ser construído coletivamente, ouvindo vozes diversas e as suas necessidades.

Mandei uma mensagem para Bruna para saber como estava a relação com a sua impostora, e ela me contou que estava sob controle. Propostas, um bom contrato, que, segundo ela, deixava a pele melhor que *skincare*. A impostora se rendeu à mulher que sabe que o caminho não é fácil, mas que não existe outra opção a não ser trilhá-lo, colocando no poder a cara que ele deve ter: a nossa.

Leve não é vazio

"Do rio que tudo arrasta se
diz que é violento
Mas ninguém diz violentas as
margens que o comprimem."

ESSE POEMA CURTINHO DO BERTOLT Brecht está tatuado dentro de mim desde a primeira vez que o ouvi, com uns catorze anos, numa reunião de jovens do Partido Comunista. Tem coisas que nos marcam de forma permanente, pois traduzem e organizam verdades que nosso coração já sabia. Essas verdades nós chamamos de intuição.

Nos tempos em que vivemos, muitas vezes nos cobram leveza. Ser leve diante do horror. Ser leve diante da morte. Ser leve diante do descaso e da dor. Ser leve para atravessar. Mas é possível ser leve o tempo inteiro, diante de tudo que está acontecendo com a gente?

Prefiro, talvez, explorar outras densidades dos sentimentos, sem a obrigação de sair flutuando pelo ar. Sendo pedra, sendo terra. Sendo pesada às vezes. Pois é preciso tempo para (o) pesar.

Ser fogo. Perigosa, inconsequente, iluminando os pontos cegos e deixando cinzas para trás.

Ou ser água, reagir rápida e violenta às margens que deixam pouco espaço para correr pro mar, como no poema.

Muitas vezes essa leveza imposta é ar rarefeito, onde é difícil respirar. Ser leve não é ignorar a realidade, não é ser raso nem leviano.

Escolher a leveza sempre que ela te preencher de alegria e contentamento. Nunca quando ela ameaça esvaziar aquilo que te faz humano.

Leve não é vazio. Ser fogo. Perigosa, inconsequente, iluminando os pontos cegos e deixando cinzas para trás. Ou ser água, reagir rápida e violenta às margens que deixam pouco espaço para correr pro mar, como no poema.

Garota exemplar

No seu quinto aniversário de casamento, Amy desaparece. Existem indícios de que tenha sido morta, e o principal suspeito é o marido. Ninguém duvida dessa suspeita. Amy é doce, linda, bem-sucedida e estava grávida. O marido bebia demais, tinha uma amante, estava desempregado. E, claro, as estatísticas estavam contra ele. Se uma mulher é morta, é enorme a probabilidade de o culpado ser alguém que já disse que a amava.

O que poderia ser um drama de tribunal ou mais uma história de feminicídio é o livro *Garota exemplar*, da aclamada autora de suspense Gillian Flynn. Na trama, Amy forja o próprio desaparecimento, rouba dinheiro, manipula ex-amantes, forja o próprio estupro, arma uma arapuca para continuar casada com o marido acusado e comete o maior pecado que uma mulher pode ousar: engravida para "prender" um homem que quer se livrar dela.

A história foi adaptada para o cinema por David Fincher e é um dos meus filmes favoritos. É uma delícia ver a carinha inocente da atriz

Rosamund Pike cometendo as maiores atrocidades, encarnando todos os pesadelos masculinos fantasiosos de uma vez só. A mulher que denuncia falsa agressão sexual, inventa violência doméstica e faz do pobre marido uma vítima indefesa investigado injustamente por homicídio. Em momentos tristes ou quando preciso desanuviar a cabeça, coloco *Garota exemplar* na TV e fico assistindo ao Ben Affleck se desesperar.

Eu me lembro de observar discussões acaloradas na internet, debatendo se o filme seria "feminista" ou um "desserviço". Afinal, ele poderia ser lido como uma fábula sangrenta de vingança de uma mulher bonita e altamente educada que percebeu que precisava moldar o homem perfeito. Amy sente que até mesmo para ela estavam destinados homens medianos; ou uma ficção que reforça a ideia de que mulheres magoadas são malucas, vingativas e que, mesmo com os dados massivos que mostram que são vítimas de violência dos homens e não o contrário, a personagem de Amy seria a confirmação cultural do exato oposto.

A sensação que eu tive foi muito amarga, não pelo filme, mas pelo fato de esse debate só existir porque a cabeça que a criou foi a cabeça de uma mulher. Sou uma profissional da escrita, escrevo histórias e sempre tenho a sensação horrível de que, agora que as minorias políticas chegaram no parquinho da ficção sendo reconhecidas, não podemos andar nos brinquedos perigosos. "Você quer brincar de escrever? Ok, mas a montanha-russa e o trem-fantasma estão fechados. Mas a gangorra está disponível, que tal?"

Vivi isso na pele em 2018, quando estreei minha primeira peça de teatro como autora; um solo curto, em que a protagonista Ana narrava seu mais novo negócio: uma fábrica que transformava a carne de homens abusadores em ração de cachorro. *A fábrica de cachorros — Instruções feministas para tempos fascistas* ocupava um espaço alternativo, com lotação máxima de quarenta pessoas. Eu e Laura Araújo, a atriz que dava vida à Ana, vimos, dia após dia, o boca a boca levar mais e mais gente ao espetáculo; em algumas ocasiões, tivemos que fazer duas sessões na mesma noite. Na mesma medida que muitas mulheres saíam impactadas da sessão, diversas vezes tivemos reações de oposição contundente de homens. Dois deles me chamaram a atenção; um homem branco, de meia-idade e, depois soubemos, bem rico, ao responder a pergunta "como evitar estupros", disse: "cintos de castidade". Esse mesmo homem, ao assistir à revelação final da peça que contava que Ana moía a carne dos homens para transformar em ração, gritou durante a cena que aquilo era uma "imitação do goleiro Bruno" — jogador do Flamengo que conspirou para matar Eliza Samúdio, a mãe de seu filho. O corpo de Eliza jamais foi encontrado e as investigações apontam que um comparsa do mandante do assassinato deu o corpo de Eliza para os cachorros comerem.

Chega a ser engraçado que para um homem comum seja tão ameaçadora uma peça de teatro independente que ouse ficcionalizar violência de mulheres contra homens agressores. O desespero do homem era palpável. Para ele, nossa encenação de quarenta minutos se comparava a um crime hediondo que talvez pudesse ter sido evitado se Eliza tivesse usado o tal cinto de castidade que ele sugeriu, aos berros, no meio do espetáculo.

A violência ficcional gráfica, encenada, nunca foi problema para os homens. Inclusive diversos diretores de cinema que amamos e escritores que adoramos fizeram belas carreiras em cima dos corpos de personagens mortas e violadas sexualmente. É quase um rito de passagem justificar as personalidades sombrias de seus personagens masculinos com o trauma provocado por mulheres mortas ou o tesão incontrolável que elas provocam, que obriga os personagens masculinos a agir de maneira inconsequente, agredindo-as sexualmente. Quantas estatuetas de metal não pararam nas prateleiras desses homens criadores quando ficcionalizaram a morte de mulheres? Incontáveis.

Isso nunca foi exatamente um problema para a indústria criativa. Mas, quando mulheres criam histórias sombrias em que os homens não são os protagonistas ou são as vítimas, geralmente um debate intelectual sobre "violência" e "cultura" se adensa ao redor dessas tramas.

O segundo homem incomodado com a minha peça, apesar de parecer mais civilizado, não conseguiu esconder o que ele achava de mulheres criando, mesmo que suas palavras fossem muito educadas e medidas. Ele, diretor de cinema premiado, fez questão de dizer que a trama não criava pontes, e sim muros entre homens e mulheres, e que a violência não era solução. Uma peça de teatro, a meu ver, nunca é solução pra nada — nem um filme, nem uma série, nem um livro. Exatamente o oposto: é um problema, no sentido matemático da coisa. Há um espaço, uma falta, uma lacuna, um "x" que autor nenhum conseguirá preencher. Quando o diretor de cinema civilizado encontrou dentro de si esse "x" negativo, ele quis dizer que, além da raiva e da vingança femininas não servirem como material criativo, é função das mulheres ensinar aos homens, educá-los, criar essa "ponte" para que eles finalmente aprendam o ABC do letramento feminista: estuprar é feio, matar mulheres é errado; por favor, jamais dê um soco na sua namorada.

Ou seja, existe um lugar onde os homens, na mesa dos grandes criadores, podem ouvir uma mulher. Claro, se você for uma professorinha inofensiva, que não ameace o espaço deles, que não crie densidades, contradições, choques. "Deixa isso para os meninos, garota, e quando eu passar do limite, por favor, use um apito para eu ouvir."

O lugar de uma mulher que cria não é um lugar maternal, mas talvez isso ainda não esteja claro para parte dos homens que desejam que nossa produção artística seja limpinha, professoral, doce.

Curiosamente, essa posição é mais exigida de criadoras que se colocam publicamente como feministas. Esperam que, nas nossas obras, a gente:

1. Dê conta de todos os problemas, de todas as mulheres;
2. Não comprometa o movimento com nossas mentes sujas;
3. Seja palatável aos homens que se ofendem facilmente com a nossa existência.

Eu, particularmente, como criadora e feminista, não quero dar conta de nada disso. Nem para mim nem para os outros.

No seu ensaio "Contra a interpretação", a intelectual e filósofa Susan Sontag defende que o excesso de tentativas de entender o subtexto de uma obra de arte acaba matando o prazer, o erótico de simplesmente testemunhar o que existe e está na nossa frente. Durante muito tempo, olhei o ensaio de Sontag como aqueles arroubos de contracultura dos anos 1960, mas, cada vez que releio, me conecto mais com ele.

As subjetividades de mulheres criadoras são infinitas, mas seremos sempre interpretadas, escavadas, por essa lente da mulher única, "a mulher" como instituição outra, ou seja, aquilo que não é um homem; é a criação de uma mulher, o que isso quer dizer? Ela é machista? Feminista? Oprimida? Ela se vinga na sua obra? O que ela quer dizer exatamente com esse diálogo, com essa cena, com essa trama?

O lugar de uma mulher que cria não é um lugar maternal, mas talvez isso ainda não esteja claro para parte dos homens que desejam que nossa produção artística seja limpinha, professoral, doce.

O fato é que nunca seremos mainstream o suficiente, nem rebeldes e disruptivas o suficiente, pois a medida correta de como uma pessoa criadora deve se parecer é com um homem branco que não precisa pagar as próprias contas, pois provavelmente nasceu herdeiro.

Esse escrutínio é muito nocivo para mulheres no geral. Depois da peça *A fábrica de cachorros*, trabalhei em diversos programas de TV, fiz outro espetáculo teatral, estive em projetos criativos de todos os tipos. E tenho esbarrado com o fenômeno da mulher artista ultravigilante, com medo do "cancelamento" e de como sua pessoa pública vai ser afetada por sua obra — sempre analisando por todos os prismas se a sua produção artística, a sua atuação, o seu texto, a sua cena estão conseguindo caminhar nessa linha muito tênue que contempla as três regras que listei ali atrás.

Aprendi da pior maneira que não é possível dar conta de tudo, não é possível agradar a todo mundo e que a única maneira de realizar sua produção artística é estar convicta do desejo de fazer algo. Quando essa convicção não surge, quando o desejo não está presente, o resultado pode te dar até alguma notoriedade ou dinheiro, mas vai trazer junto um certo desgosto também.

A posição de bancar o próprio desejo é desconfortável, não é uma almofadinha macia. Somos ensinadas desde pequenas que os corpos femininos têm função de cuidar, nutrir, ser abrigo. E que as mentes femininas também são naturalmente moldadas para servir a esses propósitos. Assumir o próprio desejo como artista e criadora é o oposto disso, é desconfortável, pois criar não está a serviço do *status quo*. Essa posição fica impossível se estamos tentando dar conta de muitos fatores que são externos ao nosso desejo. É com ele, com o nosso desejo, e apenas com ele, que devemos firmar o nosso compromisso.

Interlúdio

INTERLÚDIO É AQUELE MOMENTO ONÍRICO que separa os atos em uma peça de teatro. Pode acontecer na literatura e no cinema também. Geralmente é uma maneira de dizer para o público: Alexandre, o Grande, está no abismo, sozinho com o seu cavalo, mas ainda não acabou. Ou Agave está levando a cabeça de um leão para o palácio sem saber que é a cabeça de seu filho, mas calma... ainda não acabou. Parece que acabou. Mas ainda há música, e depois da música, a escuridão, e depois da escuridão, a história continua.

Em janeiro de 2021 eu descobri que estava grávida. Não foi um susto, foi uma celebração. Eu já tenho uma filha e, sobre a gravidez dela, eu dizia: estar grávida não me cai mal. Gostava de estar grávida: da lentidão, do mergulho interno emocional que a mudança do corpo trazia. Dar um filho para o Lucas, um irmão para a Liz, um neto para a minha mãe e um bebê para mim, de novo, parecia algo natural, algo simples, algo que eu faria. E eu faço coisas: textos, séries, livros, pessoas.

Mas fazer um novo bebê não é só um ato. São vários atos. Com interlúdios. É abrir espaço. Nas ancas, no coração, na cabeça, na casa. Nas ancas, ele rapidamente se instalou. Na casa, foi fácil. Na cabeça, estava feito. Mas no coração foi mais difícil. Alguma coisa dizia que não. E eu não sou mulher de receber não.

Esses "nãos" tiveram formas variadas. Cada vez que eu negava um não, ele se transformava e, com uma nova roupa, se apresentava para mim. Começou com uma paranoia de leve. Um pensamento maluco. "Uhum... acho que tem alguma coisa que não está bem." Mas os exames diziam que estava tudo bem. O coração batia. O tamanho batia. O enjoo estava lá. Meus exames estavam bons. Bom, a paranoia é a companheira fiel da maternidade. Eu sempre tive muita sorte, muita saúde. Não vai ser diferente agora.

Mas estava, sim, tudo diferente.

O segundo "não" veio quando eu pedi para a minha intuição me dar um sinal. E eu sonhava muito. Com bebês que não eram meus. Bebês de amigas. Bebês que eu não conhecia. Eu os pegava no colo, sentia o cheirinho inebriante da nuca deles e devolvia para as mães ou para o berço e dizia: esse bebê não é o meu. Não eram sonhos ruins. E, acordada, eu brincava com algumas amigas: talvez vocês queiram me fazer companhia nessa gravidez.

O terceiro sinal veio com oito semanas de gravidez, quando eu simplesmente não conseguia mais me levantar da cama. Uma depressão como eu nunca tinha sentido antes. Uma depressão que fazia qualquer coisa perder o sentido. Eu estava incapacitada, debilitada; o choro vinha e eu não sabia o porquê. Uma tristeza infinita me invadiu. Acolhi a tristeza. Acolhi a insônia. Falaram que era normal eu sentir tristeza — são os hormônios —, mas não era uma tristeza qualquer. Meu corpo me derrubou na cama para que eu pudesse parar, observar e entender o que estava acontecendo.

Com dez semanas, a depressão passou, como mágica. Tive vontade de sair da cama, tive vontade de pedalar e pegar sol. Tive tesão. Uau! A gravidez é mesmo uma caixinha de surpresas, não é? Prestem atenção: a beirinha do abismo é aqui, onde estou sozinha com o meu cavalo, cercada pelas tropas dos meus adversários, é aqui que eu danço no escuro, sem saber o que existe ali do outro lado. É aqui que, depois de gozar, feliz por sentir meu corpo desejando novamente, eu vejo o sangue. Desculpem o excesso de honestidade. Talvez isso choque algumas pessoas pela mistura pouco convencional de tristeza, vida, sexo e morte. Mas me deixem contar também que qualquer gravidez, mesmo as que vão bem e das quais nascem bebês perfeitamente saudáveis, envolvem tristeza, vida, sexo e morte. Estar grávida, independentemente do desfecho, é um dos poucos rituais de passagem incontestáveis que se mantêm de pé na nossa sociedade. Você não é a mesma antes de engravidar. E não vai ser a mesma depois que não estiver mais grávida — seja abortando ou parindo.

A diferença é que pouco se fala sobre o que acontece depois dos abortos. Pouco se diz, se verbaliza. Como se uma gravidez interrompida não fosse uma experiência em si, mas sim um trampolim para a superação de ter uma nova gravidez ou para um mergulho na escuridão do trauma de nunca mais querer passar por essa experiência. Aprendi que mulheres podem parir uma vida, mas também é muito comum parirem uma morte.

Cerca de 30% das gestações resultam em abortos espontâneos no primeiro trimestre. É bastante coisa para se saber pouco sobre o que nos acontece, o que acontece com os nossos corpos e como nos acolher depois da experiência. Depois que contei para as pessoas próximas, soube dos dois abortos seguidos da minha tia antes do nascimento do meu primo. Dos abortos das minhas amigas. Do aborto de uma colega de trabalho. Senti profundamente não ter pegado na mão dessas mulheres, senti profundamente que a perda gestacional fosse um assunto tratado de forma doméstica e que eu não tivesse sabido antes tantas coisas que eu sei agora.

Estar grávida, independentemente do desfecho, é um dos poucos rituais de passagem incontestáveis que se mantêm de pé na nossa sociedade. Você não é a mesma antes de engravidar. E não vai ser a mesma depois que não estiver mais grávida — seja abortando ou parindo.

Depois de um ultrassom de emergência, tivemos o diagnóstico. Apesar da idade gestacional de dez semanas e três dias, o feto tinha parado de se desenvolver com oito semanas. Pois é, exatamente na semana em que tive o episódio depressivo inexplicável. Meu corpo sofreu um luto que eu ainda não era capaz de fazer. Luto que talvez eu ainda não estivesse preparada para saber. A minha obstetra e a minha parteira receberam a notícia, me informaram e me ampararam durante todo o processo. Poderia durar até um mês. Sangraria. Doeria. Seria um trabalho de parto, guardadas as devidas proporções. Caso eu tivesse febre ou excesso de sangramento e tontura, deveria falar com elas e ir até o hospital. Mas, na maioria dos casos, nesta idade gestacional, era provável que o processo se completasse naturalmente.

O tempo do corpo não é o tempo da mente. O tempo do corpo é o tempo da regeneração, da cura, da divisão celular e do fluxo de líquidos. Mas se a cabeça não autoriza, o corpo para. Ele espera. Ele não tem pressa. Decidi com o Lucas que precisávamos nos despedir. Não era a morte de um bebê: era a despedida de um desejo que tivemos juntos, um desejo de família — um irmão, um neto, um filho, um sobrinho que foi sendo desenhado juntinho de quem esteve junto com a gente. Cílios, cachos, dobrinhas, bochechas, choros. Não ia ter mais. Precisávamos dizer para nós mesmos que não ia ter mais. E o que ia ter? Para mim, uma cólica forte, mas que não resultava em um sangramento do tamanho da minha dor. Era tudo pouquinho. Difícil. Para o Lucas, talvez o medo do desconhecido e a impotência que o homem cisgênero tem diante de um fato biológico acontecendo num corpo diferente do seu. Essa bolha de não saber, que compartilhamos, cada um não sabendo do outro, mas juntos ali, esperando alguma revelação.

No outro dia, fomos bem cedo à nossa praia preferida. Levamos flores. Mergulhei. Agradeci. Não tive cólicas nesse processo, o corpo esperou, ele parou para se realinhar com a realidade do que estávamos vivendo. Do lado direito da praia, o clube onde nos casamos. Do lado esquerdo, a felicidade estava tomando sol nas pedras, esperando a hora de voltar a andar de mãos dadas com a gente. Mas não naquela hora.

Voltamos pra casa, grudados no táxi. E eu sentia muito sono. Um sono impossível de ser contido. Eu só queria deitar e deixar meus olhos derrubarem. E, apesar do calor infernal do Rio de Janeiro, eu senti frio. Tomei um banho quente, pelando. Senti uma coisa se "desprendendo de mim", na minha barriga. Mas nada aconteceu. Saí do banho, vesti um moletom e me enrosquei num edredom. Dormi pesadamente, dormi um sono de escuridão, dormi até ter um sonho no qual eu derretia, virava água e voltava pro mar. Foi direto desse sonho que o processo de abortamento veio com tudo. O sangue escorria, vermelho-vivo, profuso. E escorreu, dessa vez sem dor. Ter um útero é punk rock. Foi o que passou na minha cabeça. Punk rock. E sem esforço, punk rock, sentada na privada, expeli o saco gestacional — senti uma bola moldável, com uma consistência gelatinosa, escorregando para fora de mim; o barulho na água foi alto, o Lucas veio ver. Mas na água só sangue, impossível identificar qualquer coisa ali.

Não tem maneira de dizer isso de forma delicada se eu quiser ser verdadeira. Depois de um sangramento massivo, eu expeli um saco gestacional na privada do meu banheiro. Punk. Tomei banho, e o sangramento foi diminuindo, diminuindo, a água no ralo ficando de vermelho para rosa para transparente até eu conseguir sair de lá sem sentir que ia desmaiar a qualquer momento. Rock.

E não desmaiei. Botei um absorvente, me vesti e senti um alívio misturado com tristeza. Alívio pelo corpo ter funcionado. Tristeza pelo fim. No banheiro tem um espelho grandão, de corpo inteiro, e eu fiquei com medo de me olhar, mas abri a toalha e olhei. Tinha uma barriga de grávida, o útero inchado. Uma mulher pelada, molhada e triste é uma visão difícil. Queria ver quem eu era naquele momento. E o que eu vi foi uma fortaleza e um pano de chão, uma deusa imbatível e uma alga microscópica escondida numa fossa marinha. Uma música bonita entre atos, uma escuridão, e todo tempo do mundo antes que a história continue.

Homens desconstruídos e os relacionamentos abertos

RECENTEMENTE, UM ESCÂNDALO DE CRISE conjugal entre celebridades movimentou as redes sociais. A mulher do casal relatava diversas traições; o homem negava. Após ser desmentido, postou que estava em "desconstrução".

A palavra "desconstrução" ganhou as redes sociais e entrou no vocabulário público, principalmente entre os *millennials* urbanizados, que seguem uma pauta mais ou menos progressista. Mas se desconstruir velhos padrões de gênero se tornou um debate tão comum, e um jargão repetido por homens cisgênero e heterossexuais, por que as mulheres não estão sentindo os efeitos positivos dessa desconstrução em suas vidas?

É interessante observar, em primeiro lugar, o que esse homem entende por desconstrução e onde concentra os próprios esforços para se desconstruir. Geralmente, no campo das relações de afeto, os homens se preocupam com o fim da monogamia e com a invenção de arranjos alternativos de relacionamentos. O amor livre, o poliamor, a relação aberta e todas as variáveis que costumamos chamar de não monogamia. Isso sempre me deixou curiosa. Afinal, há séculos é perfeitamente aceitável que o homem tenha mais de uma parceira, em geral um relacionamento oficial e outros não legitimados. Esse tipo de acordo nunca prejudicou homem nenhum, então por que mudar?

Em contrapartida, as mulheres adúlteras ou até mesmo as solteiras que fazem sexo com diversos parceiros não recebem um tratamento tão generoso. Chamam de puta pra baixo, mas as repercussões sociais para as mulheres que transam ou demonstram desejo sexual podem ser mais graves do que um xingamento, como a violência doméstica, a destruição da reputação, o estupro corretivo, entre outros. Vamos combinar que os homens nunca foram muito solidários com as causas das mulheres, e sempre me chamou a atenção que eles estivessem tão sensibilizados com um problema que não os afetava diretamente. Quanta generosidade lutar pelo fim da monogamia opressora que transforma mulheres em propriedade!

Olhando com mais atenção, percebemos que o que a maioria desses homens querem não é o fim da monogamia como conhecemos nem o fim das suas consequências assustadoras como o feminicídio e a maternidade compulsória. Eles desejam "relacionamentos abertos" apenas, um acordo flexível em que os encontros sexuais com outros parceiros fora do relacionamento principal não são um problema. O relacionamento aberto é apenas uma pequena fração do que uma luta real pela não monogamia pode proporcionar, mas talvez isso seja um pouco demais para alguém que se diz apenas em "desconstrução". A não monogamia exige que homens também consigam desconstruir outros valores muito nocivos para as mulheres e abrir mão de privilégios. Eles estão também desconstruindo padrões de masculinidade violenta?

Estão pensando na divisão sexual do trabalho? Enquanto desconstrói os padrões da monogamia malvada baixando o Tinder e reivindicando o direito de "transar livremente", esse homem está também aprendendo a lavar uma louça, a marcar o próprio médico, a ensinar o dever de casa para as crianças? Antes de pensar no fim da monogamia, o cara desconstruído deveria saber que a base da masculinidade no capitalismo é a violência contra a mulher. O primeiro passo para "se desconstruir" é admitir isso. Olhar as mulheres como seres humanos e não como presas para exploração doméstica, sexual, violência, estupro, agressão.

Antes de pensar nesse relacionamento aberto utópico em que a principal mudança é que ele vai continuar transando com outras pessoas, mas agora sem precisar esconder o celular e mentir onde estava, o cara médio deveria descobrir a diferença fundamental entre pano de prato e pano de chão. Saber de quanto em quanto tempo se trocam as toalhas de banho e a roupa de cama, como aspirar um chão, fazer a limpa nos armários para separar o que fica e o que vai. É muito fácil estar entediado e com tesão enquanto a companheira faz a lista de compras e instrui com detalhes as diferenças entre a uva-thompson e a uva-rubi.

Para a maioria esmagadora dos homens "desconstruídos" que advogam a causa do "amor livre", nem passa pela cabeça que eles devem ser uma força ativa para que as mulheres que amam sejam livres. A liberdade para transar fora do relacionamento sem culpa já existe, e agora também com a aprovação social de uma pessoa que está "lutando contra os padrões conservadores de relacionamento". Que pessoa iluminada! Mas lutar contra padrões é muito mais trabalhoso do que beijar a amiga na "pixtinha" da balada. Enquanto as companheiras dos homens desconstruídos ainda estiveram esmagadas pelo trabalho doméstico não remunerado que o homem se recusa a fazer e aprender, enquanto elas estiverem sem tempo de cuidar da própria libido e da própria sexualidade em jornada contínua pela maternidade e pelo trabalho, enquanto a luta pela não monogamia dos homens for só por "relacionamentos abertos" e uma reafirmação de privilégios que eles já têm, a normalização do perfil "pegador-incontrolável-caçador" desse homem para reafirmar a sua macheza é só mais do mesmo.

Nenhum processo de desconstrução existe sozinho, descolado do contexto; ele por si só é também uma reconstrução. Que homens estão emergindo desse processo? Homens desconstruídos, aos pedaços, desarticulados, não podem ser agentes de nenhuma mudança. São só massa inerte e despedaçada, pedindo desculpas a cada vacilo. "Perdão, estou em desconstrução, perdão, estou no processo" é um lugar muito confortável, de extremo privilégio e principalmente ultrapassado. Afinal, reproduz a lógica do homem — normalmente cis, branco — que precisa ser cuidado, assessorado, e da mulher que está sempre educando uma criancinha incapaz de pensar por si. É muito bem-vinda a prática da desconstrução, mas seria ainda melhor se homens estivessem dispostos a pegar esses pedaços para se reconstruírem, se tornando humanos mais íntegros.

> Nenhum processo de desconstrução existe sozinho, descolado do contexto; ele por si só é também uma reconstrução. Que homens estão emergindo desse processo? Homens desconstruídos, aos pedaços, desarticulados, não podem ser agentes de nenhuma mudança.

Vamos fazer um exercício de imaginação. Esse homem desconstruído, que vê o relacionamento aberto como um ato revolucionário, entendendo o desnível de poder dentro das relações de afeto, toparia, por exemplo, permanecer monogâmico enquanto sua mulher não tem essa obrigação? Vamos tentar esse arranjo por uma noite. Uma semana. Seis meses, que tal? Nesse período, o homem dedicaria a sua energia a enxergar as mulheres para além de corpos para relações sexuais, mas também como seres dignos de afeto, com quem é possível ter trocas intelectuais de igual para igual. Durante esse tempo determinado, a companheira, que ele ama e respeita, experimentaria sexualmente como bem quisesse. A desconstrução dele comporta a ideia de um homem faxinando um banheiro enquanto a companheira transa com outra pessoa?

Acho que pode ser um exercício bem interessante para ver se é desconstrução de verdade ou apenas cilada.

Com isso, não quero dizer que exista um arranjo perfeito de relação não monogâmica que cumpra todos os requisitos políticos da igualdade entre os gêneros. Isso não existe. Sinceramente, uma relação mediada por uma racionalidade de adequação política pode até ser chata. Mas a não monogamia como ato realmente transformador, que pode fazer diferença na vida das mulheres, na qualidade e na quantidade de sexo que nós experimentamos, é uma não monogamia que deve ser baseada, em especial, na ideia de que homens precisam abrir mão dos privilégios de gênero. Sem isso, o que era pra ser uma relação não monogâmica se torna apenas uma releitura moderninha das relações tradicionais da época dos nossos pais e avós, com homens mentirosos, mulheres insatisfeitas e uma ausência de diálogo que pode destruir arranjos realmente libertadores e felizes.

Peitos

Um dia, postei nos stories uma ilustração com vários tipos de peitos. Peitos pequenos, grandes, separados, assimétricos, cheios, molinhos, empinados, com mamilões e mamilinhos em cor-de-rosa e marrom-escuro. Estavam estampados numa *ecobag*, então a pessoa que andasse com a sacolinha levaria peitos diversos para passear por aí.

Foi uma sensação muito reconfortante ver aquela sacolinha, que parecia boba, banal. Queria muito ter visto mais imagens assim quando era criança e adolescente. Talvez a minha vida tivesse sido diferente.

Durante a minha adolescência, eu sofri achando que os meus peitos eram defeituosos. Eles não se pareciam em nada com os peitos que eu via nas revistas femininas e na *Playboy*. Minha adolescência foi marcada pelo *boom* do silicone, e os peitos que eu via eram sempre redondos, duros, empinados, artificiais. Nada contra quem opta pela cirurgia, tudo contra esse único modelo de peito ser considerado o padrão. Não era o meu peito, nem o peito da maioria das mulheres que eu conhecia.

Aos dezenove anos, com o diagnóstico de mama tuberosa, fiz uma cirurgia plástica num hospital público com uma equipe multidisciplinar. Depois de uma bateria de exames, um longo pré-operatório e uma fila no SUS, chegou o dia. Eu estava lá, em uma sala gelada, parada, pelada na frente de vinte médicos e residentes muito gentis que marcavam com caneta Pilot as partes do meu corpo onde iam cortar, levantar, "consertar". Eu estava muito feliz.

Ter peitos caídos, assimétricos, com mamilos que olhavam para baixo era um soco diário na minha autoestima. De forma muito contraditória, eu acreditava que essa infelicidade com o meu corpo era normal. A insatisfação permanente que faz mulheres desejarem perder só uns quilos, fazer só mais uma massagem redutora, tomar mais uma cápsula de colágeno, levar só mais uma picadinha de *botox* era para mim, naquele momento, parte de ser mulher, um destino inescapável. Esse desejo constante de autoaperfeiçoamento em que nosso corpo nunca é o suficiente.

Suficiente para quê?

Naquela época, eu acreditava que se eu não fosse bonita o suficiente, não teria como fazer as coisas que eu queria. Como se a minha beleza, a beleza feminina, fosse um ponto de partida. Antes dela, nada tinha valor — inteligência, bondade, lealdade, talento. Todas essas características seriam soterradas pelo fato do meu corpo ainda não ser bonito o suficiente para que eu existisse. A beleza seria o lugar em que eu poderia ser ouvida, fazer o que eu quisesse, ser amada e desejada (por um homem), e que antes disso eu simplesmente teria uma dívida impagável.

A cirurgia foi um sucesso.

O pós-operatório difícil, as cicatrizes enormes em forma de "T" que ficavam embaixo dos meus peitos, os pontos ao redor das auréolas que reposicionaram meus mamilos. Tudo aquilo era a promessa de que sim, agora eu poderia começar a viver como mulher merecedora de escuta e amor.

Apesar de gostar bastante do resultado — peitos simétricos —, obviamente não cheguei a esse lugar social e emocional que eu desejava. E como chegaria? Eu podia usar biquínis e blusinhas de alça, mas o formato dos meus peitos não havia mudado em nada a sensação horrível de que faltava alguma coisa para que eu fosse considerada plenamente humana. E sentia que essa coisa que faltava, essa parte defeituosa, estava em mim, e não na maneira como a sociedade olhava meninas e mulheres.

Apesar de ter começado uma educação feminista bem sólida no início dos anos 2000, eu ainda não tinha olhado com honestidade para essa cirurgia. Ela estava lá, eu a encarava todos os dias no espelho, encarava todos os dias a menina de dezenove anos que decidiu por uma cirurgia e a adulta que eu tinha me tornado e que tentava equilibrar essa ambiguidade dentro de si.

Foi a minha gravidez, dez anos depois da cirurgia, que fez com que eu encarasse as consequências dessa decisão. Minha filha foi desejada e planejada, profundamente amada desde o primeiro minuto que eu soube da sua existência. Eu queria muito amamentar, mas numa consulta pré-natal descobri que menos de 10% das mulheres que faziam cirurgias como as que fiz poderiam dar o peito. Os dutos poderiam ter sido danificados e o leite jamais chegaria aos mamilos. Um efeito colateral previsto e normal.

Apesar de todo discurso contrário, todo corpo é digno. Merecedor de contato, prazer e respeito, independentemente da aparência.

Minha gravidez foi tranquila, a barriga crescia, eu não sentia enjoos, dormia bem — mas a ideia de que não poderia amamentar me incomodava. Fui a médicos, consultoras, doulas. E a resposta era a mesma: as chances são baixas e é melhor você se preparar para isso. Felizmente essa previsão não se cumpriu. Ao nascer, minha filha agarrou o meu peito imediatamente, dissipando todos os meus medos em segundos. Amamentei em livre demanda por dois anos e meio, doei o leite excedente para bebês prematuros e aproveitei cada segundo desse momento, me sentindo a mulher mais sortuda do planeta. Fui uma exceção, ganhei na loteria dos 10% e o assunto podia ter acabado aí.

Mas nunca deixei de achar injusto que essa informação tivesse me sido negada; nunca achei justo que uma junta médica achasse mais relevante que uma adolescente tivesse peitos esteticamente desejáveis do que informar as possíveis consequências dessa cirurgia.

Durante a amamentação, meus peitos voltaram a ser o que eram, tais quais antes da cirurgia. Eles encheram, se separaram, o bico se curvou para baixo, como que para facilitar a busca do bebê. Tem uma poesia nisso, acho, mesmo que perca seu sentido às vezes.

Hoje, sete anos depois do fim da amamentação, eles são outra coisa. Nem isso nem aquilo. Fiz as pazes com os meus peitos, não acho eles lindos, tampouco feios. Eles são o que são. O que pude fazer foi escrever, contar nas minhas redes sociais a minha experiência com eles, na esperança de que isso tivesse um impacto positivo em alguma mulher, assim como a imagem quase ingênua daquela *ecobag* me trouxe um conforto inesperado.

Após o post, recebi uma mensagem de uma seguidora que teve uma trajetória parecida com a minha e que ainda carrega as cicatrizes dessa relação com muito sofrimento. A imagem, dos peitos nus, com cicatrizes aparentes, o relato das suas dores. Tudo aquilo me conectou imediatamente a ela. Sei que as redes sociais são o lugar do conflito e da reação imediata e violenta, mas, naquele momento, lembrei que a internet pode ser um lugar de acolhimento, encontro, compaixão. Conversamos brevemente e pudemos, de alguma maneira, dar colo uma à outra; eu pude perdoar a menina que eu fui, e ela, a adulta que é.

Esse texto é para você que ainda não acha seu corpo digno. Não falo de amar, porque ninguém ama algo o tempo todo. "Se ame", dizem, mas continuamos vivendo em uma sociedade em que esse amor nos é negado o tempo inteiro de acordo com a nossa aparência. Em que a "beleza natural" é exaltada ao mesmo tempo que corpos modificados digitalmente ainda são adorados com o mesmo fervor que um fanático religioso dedica a uma divindade.

Apesar do discurso contrário, todo corpo é digno. Merecedor de contato, prazer e respeito, independentemente da aparência.

As cicatrizes estão por fora; mas também por dentro. Que possamos tocá-las e saber que são a pele que sobreviveu à violência. Que provam que estamos vivas e podemos habitar um corpo possível que inventa, ama, luta e não apenas sobrevive, mas vive toda enormidade de ser gente neste mundo.

6 de julho,
o dia de Frida Carlos

NA NOVA ONDA DO FEMINISMO 2.0 do início dos anos 2000, Frida Kahlo, ou Carlos, como minha filha chama, se tornou um ícone pop. Era impossível ir a um cinema de arte, a uma manifestação de rua ou a um encontro de amigas sem que alguém tivesse uma bolsa, uma camiseta, um chaveiro, um caderno da Frida. Lemos sua biografia. Vimos o filme estrelado por Salma Hayek. Nos fantasiamos de Frida no carnaval.

Quase tudo na iconografia pop se desgasta. Não a Frida. A sua imaginação está sempre à frente do desgaste; ela criou um universo tão luxuriante que é impossível ultrapassá-lo.

Uma vez me perguntaram como ela pode ser um ícone feminista depois de ter se "submetido a um relacionamento tóxico e abusivo com Diego Rivera". É curiosa a maneira que acreditam que feministas devem ser: heroínas imbatíveis, infalíveis e inquebráveis.

Frida era uma mulher com deficiência. Mancava desde a infância em decorrência da poliomielite, depois sofreu um acidente que atravessou órgãos e quebrou vários ossos. Ela se quebrou — e é importante que isso seja dito, pois a metáfora encontra o concreto: quebrada, ela ainda era tudo que queria ser. Comunista. Bissexual. Artista. Latina. Aos que querem prender o feminismo em uma caixa, Frida é uma lição. Nenhuma existência cabe numa cabecinha limitada. Que sua exuberância, sua beleza e seu transbordamento continuem nos espantando.

Quase tudo na iconografia pop se desgasta. Não a Frida. A sua imaginação está sempre à frente do desgaste; ela criou um universo tão luxuriante que é impossível ultrapassá-lo.

Poder e bananadas

Eu amo muito essa história, mas amo a história por trás da história. Todos nós temos os contos e causos que repetimos, que falam sobre nós — aquela narrativa que, não só pelo conteúdo, mas pela maneira de contá--la, se torna uma espécie de resumo de quem somos, de como enxergamos o mundo e de qual lente usamos para decodificá-lo. Alguns usam lupas, outros microscópios. Para mim, olhar no lugar onde dói é o primeiro passo. O segundo é extrair da dor o tempo certo para que eu possa rir dela. Para muitos teóricos, fazer graça é só uma questão de tempo e espaço alargados, a distância que se toma da tristeza. É triste, claro, que um homem se sinta tão ameaçado por uma mulher mais jovem. É triste que o espaço onde eu me sentia feliz e segura depois de um puerpério punk rock seja invadido pela vaidade masculina.

O que não é triste é que eu posso contar. Transformar a experiência. Fazer com que ela seja minha novamente. Esse é o verdadeiro poder. E é por isso que vou contá-la aqui, como já contei tantas vezes para conhecidos e desconhecidos. Muito prazer:

Na época, eu já não era nenhuma menina. Tinha trinta anos, uma filha recém-nascida e estava voltando a correr. Eu sempre gostei de correr. Sentia, junto com as coxas queimando, o meu cérebro esvaziando. Para quem sempre teve uma cabeça entulhada, aquilo era um combo perfeito de terapia com meditação. Sempre corri sozinha, mas, depois da gravidez e do puerpério, me sentia insegura. Não era uma insegurança racional. Correr é colocar um pé na frente do outro, a coisa mais simples que uma pessoa pode fazer. Era uma insegurança a respeito de quem eu era e das minhas capacidades depois de ser mãe. Ok, meu corpo é capaz de parir um bebê, mas ele é capaz de se desafiar a fazer algo apenas pelo prazer? Apenas porque eu quero? Eu duvidava disso. Naquele momento, meu corpo era maior do que o meu cérebro, era maior do que o mundo. Ele tinha uma função materna.

Assim como eu, muitas mulheres sentem que devem estar "ocupadas" fazendo a roda do mundo girar. A roda das casas, dos afetos, do trabalho. Correr não era para ninguém além de mim mesma, logo uma tarefa que poderia ser deixada para depois. Eu não queria ser deixada para depois e não tinha forças para fazer isso sozinha.

Então contratei um instrutor de uma daquelas barraquinhas de corrida que ficavam no parque perto da minha casa. No início, eu só pensava em desistir e voltar para o corpo quente da minha filha bebê, um lugar onde eu era desejada de forma absoluta, sem questionamentos. Mas eu insisti. Um pouco por teimosia, um pouco por medo de me perder de mim mesma. Foi bem tenso, com bastante choro e ranger de dentes, mas em alguns meses eu já estava quase fazendo a mesma quilometragem de antes do parto, sem a mesma velocidade, com bastante esforço, mas com bastante alegria também.

Um dia, a instrutora pediu que os colegas fizessem duplas para um exercício de velocidade. Eram tiros rápidos e o objetivo era tentar melhorar o tempo a cada *sprint*. Minha dupla era um senhor simpático de cinquenta e muitos anos, desses corredores de rua antigos e boa-praça. Ele levava bananada, maçã, distribuía *patches* musculares. Um docinho mesmo — até começar a correr comigo naquele dia.

Lembrando aqui que nunca fui uma grande corredora, eu só era disciplinada e vinte e cinco anos mais jovem que o meu companheiro oponente. Ele era experiente. Fazia provas de rua dentro e fora do país, já tinha corrido uma maratona. Gostava de se dizer amigo de corredores famosos e icônicos de São Paulo. Corrida era uma espécie de segundo nome, e eu, alguém que precisava aprender.

O exercício era o seguinte: três *sprints* progressivos de 200, 300 e, por fim, 500 metros. No primeiro, eu ganhei com facilidade. No segundo, ganhei mais apertado. No terceiro, ele já estava vermelho de suor e ódio. A instrutora-assistente soprou o apito, e eu só ouvi aquele som de búfalo raivoso atrás de mim, senti a baba que pingou na minha nuca e escutei os passos pesados, o barulho de quem queria afundar o asfalto. Ele me ultrapassou no finzinho e se jogou na grama do parque, passando mal. A instrutora teve que chamar uma ambulância. Antes de ir embora de maca, todo fodido, ele me olhou e disse: "Achou que ia ganhar de mim, né, garotinha?"

Na época eu fiquei muito chocada! O senhor das bananadas, que dava dicas de corrida, arriscou a própria saúde porque não podia perder para uma mulher. Em algum nível, aquilo o ofendia tão profundamente que a sua honra deveria ser defendida com um ataque cardíaco.

O poder é um lugar feio, eu pensei. Todas as metáforas que o mundo corporativo usa para descrever o sucesso — o topo do Everest, o pódio e tudo de que precisamos para chegar até lá: o sacrifício, a guerra, a violência.

Os *coaches* de carreira gostam de postar vídeos nas redes sociais em que pedem para uma plateia raivosa berrar palavras de ordem agressivas sobre vitórias e derrotas. Todas essas palavras de um campo simbólico de um masculino primitivo, cafona, esteticamente lamentável. Esse seria o preço a pagar para "chegar lá", e o "lá" sempre é esse lugar solitário, onde só cabe uma pessoa e que é tão desconfortável que é impossível ficar nele por muito tempo sem se desumanizar, sem congelar, sem se ferir e ferir os outros. Para mim, naquele momento era natural rejeitar a ideia de poder, pois eu não gostaria de estar nesses lugares e nem de me parecer com as pessoas que o acessam. Os homens que o acessam, as mulheres que se comportam assim, pois entendem que só dessa forma podem triunfar.

O poder é um lugar feio, eu pensei. Todas as metáforas que o mundo corporativo usa para descrever o sucesso — o topo do Everest, o pódio e tudo de que precisamos para chegar até lá: o sacrifício, a guerra, a violência.

Demorou um tempo até eu entender que colocar uma máscara feia no poder é uma estratégia inteligente; as pessoas com sensibilidade e compaixão acabam acreditando que estar em destaque ou ter poder de decisão não é para elas. Quando eu era uma garotinha (uma garotinha de verdade, e não uma adulta chamada de garotinha por um homem ameaçado), eu amava assistir ao filme *O mágico de Oz*, principalmente o final, quando a Dorothy descobre que o poderoso mágico é um homenzinho ridículo que vive do medo que sua sombra projeta. Dorothy sempre pode voltar para casa sozinha, se assim desejar.

O poder não parece ser um espaço das mulheres por um único motivo: nunca nos foi permitido que pudéssemos acessá-lo. E não é porque somos incapazes de estar nele. Quanto mais mulheres estiverem no topo, mais o poder será parecido com a gente. E chegando ao poder, talvez a gente não escolha como metáfora o Monte Everest com os seus ventos cortantes ou a sua escalada mortífera, um percurso em que, para chegar ao pico, é preciso deixar uma fila de mortos para trás. Talvez a metáfora das mulheres para o poder seja fértil, tropical, abundante, coletiva. Que o nosso topo seja uma clareira ensolarada com espaço para as que vieram antes de nós e onde quem chega possa ter a generosidade de ensinar o caminho para as outras.

O senhor das bananadas não morreu, pelo menos não daquela vez — nos encontramos poucas vezes depois, sempre sorridente, solícito e sozinho —, e eu, com meus tênis vermelhos, continuei a correr pela estrada de tijolos amarelos, muito bem acompanhada por quem sabe que avançar junto é a melhor escolha.

Manuela & Marcela

QUANDO EU ESTAVA NA TERCEIRA série do ensino fundamental, tinha essa menina na turma chamada Marcela. Marcela era o tipo de pessoa com luz própria e liderança natural. Fazer parte do grupo dela era o céu. Quem conversava com ela, quem estava no recreio com ela, quem fazia parte do seu time na educação física eram questões cruciais para as meninas daquela escola em Oswaldo Cruz.

É claro que Marcela era uma tiranazinha de marca maior, administrava afeto como quem especula na bolsa de valores, afastando quem caía no seu conceito e aproximando quem podia abrilhantar a sua *crew*. Ela dava migalhas de atenção para se manter no centro e funcionava demais. Funcionava comigo. Estar diluída naquele grupo era seguro. Meninas ditam como as outras devem agir. Elas nos educam numa linguagem precisa sobre quem é piranha, quem é legal, quem é especial e quem não é.

Apesar de me sentir protegida naquele grupo, tinha alguma coisa que não encaixava, e toda a situação me angustiava demais. Eu queria fazer alguma coisa, só não sabia exatamente o que, e fantasiava noites e noites sobre o dia que ia dizer tudo na cara dela. Bom, e o que me impedia? Algumas coisas.

A primeira delas, e eu não vou mentir, era que os conflitos entre meninas da minha idade naquela época eram resolvidos na porrada na saída da escola. A Marcela era maior que eu, então sim, me borrava de medo de tomar uns tapas e uns puxões de cabelo e, pavor maior: ter a cara esfregada na parede de chapisco da quadra. Isso tudo seria humilhação suficiente para duas encarnações, mas o pior mesmo seria a solidão. Não fazer mais parte. Esse era o meu maior pesadelo.

Até que um dia veio a gota d'água. Não vou lembrar qual foi. Uma musiquinha escrota para uma menina de outro grupo? Um empurrão em uma seguidora fiel?

Bem sórdida, juntei o grupo de amigas no fim da aula num lugar escondido perto da tal quadra e mandei ver: Marcela é má. Ela fala mal de vocês pelas costas e deve falar mal de mim também! Sério, a gente não pode mais ser amiga dela! A gente não pode mais!

É importante saber que, além de paladina da justiça, eu também tenho uma vida que gira em torno de lances de humor involuntário, é constrangedor. Claro que durante o meu discurso inflamado contra Marcela, Marcela estava atrás de mim, impressionada com a minha traição.

Fiz a única coisa que eu poderia ter feito. Virei para ela e disse:

— E é isso mesmo!

E saí andando.

Ainda não tinha lido *A arte da guerra*, maluco, era para eu ter ficado lá e esperado a reação. É claro que deixar Marcela sozinha com as garotas ia fazer com que se aliassem a ela e se voltassem contra mim. Se você vai dar um golpe de estado, primeiro articula a base e nunca, em hipótese alguma, abandona a cadeira. Eu estava condenada, e sabia disso.

Dito e feito.

Sofri tanto *bullying* e fui tão excluída que passei o final daquele ano sozinha nos recreios, brincando de pegar impulso numa parede e correr pelo tronco de uma árvore torta que tinha no pátio da escola. Se fosse um filme do Wes Anderson, subiria uma musiquinha indie e ele faria um *close-up* das minhas mãos ajeitando a saia plissada azul-pastel.

Mas não era ficção, e a solidão doía demais. A repetição é a amiga dos excluídos. Percebi que gostava muito mais de subir naquela árvore durante trinta minutos e descer correndo do que ficar ouvindo sobre a vida da Marcela, o que ela fazia ou deixava de fazer, o que gostava ou deixava de gostar.

No fim do ano, uma menina da outra turma da terceira série ficou me olhando subir e descer da árvore e perguntou se também podia brincar. Ela era desajeitada no começo, mas logo pegou a manha, inventou a própria maneira de fazer e me ensinou a dar passadas mais largas para me equilibrar. Logo eu, que dava passadas mais curtas e garantia meu equilíbrio na velocidade.

O nome dela era Manuela, e fomos amigas por vários anos, até eu sair dessa escola um tempo depois. Nós não orbitávamos ao redor de um sol poderoso e carismático que deixava todo o resto à sombra. Nós éramos duas estrelas da mesma constelação.

Amizade é assim. Na terceira série ou com quarenta anos. A gente se reconhece no outro, e o outro se reconhece na gente. É sobre o denominador comum, o que nos faz humanos. Não como em vidas passadas, mas com o olho generoso de quem enxerga, de quem sabe enxergar.

A gente não tem que tentar se encaixar em lugares que nos fazem mal; em lugares em que a gente não se reconhece, não se enxerga. A gente tem que fazer o nosso, mesmo que de forma besta e solitária. A nossa concentração, o nosso propósito, a nossa simples feitura vão atrair quem realmente tem a ver com a gente. Se você não se encaixa, é porque você é maior do que os lugares que estão te destinando.

A relação de afeto e a amizade entre mulheres não deve ser sobre pairar acima, e sim se diluir e se perder, e construir essas bordas, juntas.

Abdiquem do esforço. Abdiquem do sufoco. O seu lugar é exatamente onde você pode respirar.

Amizade é assim. Na terceira série ou com quarenta anos. A gente se reconhece no outro, e o outro se reconhece na gente. É sobre o denominador comum, o que nos faz humanos. Não como em vidas passadas, mas com o olho generoso de quem enxerga, de quem sabe enxergar.

Parte 2:
Manuela & Marcela

Um dia, a Liz conheceu uma menina chamada Bia no parquinho. Bia informou que tinha que ir embora, pois ia à casa da bisavó, no que Liz responde:

— Mentira! A minha Bisa também se chama BISA!

Marcaram de se reencontrar.

Em *Como funciona a ficção*, James Wood cita um conto a respeito do fim de uma amizade. O texto evolui descrevendo essa matéria viscosa, pegajosa e pouco precisa que é essa relação. Como é bem mais difícil do que encerrar um caso de amor. Os laços da amizade são diferentes, não há um contrato, apenas um "permanecer". O quão ridículo seria dizer "acabo aqui nossa relação" para um velho amigo ou um amigo recente? Não bastaria não permanecer mais?

A Tetralogia Napolitana, da Elena Ferrante, que começa com *A amiga genial*, conta a história de Lila e Lenu, amigas da infância até a velhice, e como a rivalidade e o amor entre elas é determinante para os seus destinos.

Em *As brasas*, de Sándor Márai, uma dupla de amigos se encontra na velhice para passar a limpo uma história dolorosa. Uma amiga me perguntou se não seriam ex-amigos. Eu disse a ela que não desceria da adega meu melhor vinho nem poria a mesa para um ex-amigo. A dor de uma amizade abalada pode ser mais permanente do que a do fim de um casamento.

No meu livro *Vaca e outras moças de família*, precisei matar a personagem do último conto para expurgar uma amizade ruim que não ia embora.

Em *Frances Ha*, a protagonista só queria encontrar um amor com quem pudesse trocar olhares em uma sala cheia e soubesse "essa é minha pessoa". Quando isso acontece, não é com um interesse romântico, mas sim com a sua melhor amiga.

Na adolescência, bem depois de Manuelas e Marcelas, eu falava pouco com os meus melhores amigos. Fazíamos muitos "nada". Não existia internet, pelo menos não era popular como é hoje, então líamos, escutávamos música, víamos TV e trocávamos poucas palavras. O importante era estar junto.

Às vezes me pergunto por que a ficção trata tão mal a amizade. Como material para construção dramatúrgica, tem poucas coisas tão bonitas e difíceis.

Uma das coisas mais incômodas para mim é a ideia de que é possível um feminismo que ignora a luta política e se identifica como estilo de vida. Algo que pode ser embalado e vendido como produto E uma das principais características desse engodo é essa forçação de barra a respeito da amizade feminina, como se todas as mulheres fossem iguais, "manas", e devêssemos sororidade a todas elas.

A poeta Adrienne Rich tem uma frase famosa que diz: "As conexões entre mulheres são as mais temíveis, as mais problemáticas e as forças mais potencialmente transformadoras no planeta." Ela é muito citada na parte do "conexões transformadoras", mas pouco na de "conexões problemáticas". É simplesmente violento supor que mulheres são uma massa uniforme e sem conflitos, que não existem diferenças fundamentais que nos atravessam, principalmente de classe e raça. Dizer que todas as mulheres são iguais e devem se comportar de uma única maneira é um discurso fascista. Não somos um exército. Esses conflitos entre mulheres devem estar na mesa para serem resolvidos, para serem debatidos, para serem encarados. A ideia de que Marcelas, Manuelas e Renatas atravessarão o capitalismo e o patriarcado da mesma maneira deixa as mulheres vulneráveis ainda mais vulneráveis, e as mulheres detentoras do poder, cada vez mais opressoras, inclusive usando o feminismo para se safar de críticas.

O feminismo não deve ser o escudo que se usa para proteger os próprios privilégios de classe e raça; afinal, por mais consciente, militante e estudiosa que seja uma mulher, nada impede que ela reproduza as violências concretas e simbólicas que o patriarcado nos ensinou tão bem. É comum observar mulheres adultas replicando ainda hoje o mesmo comportamento de meninas de terceira série, mas o recreio agora acontece nas redes sociais. No lugar de pancadaria na porta da escola e cara ralada no chapisco, temos indiretas, cancelamento, críticas destrutivas, *slut-shaming*, difamação. Deixam o ego falar mais alto que o avanço coletivo.

A amizade e as conexões de afeto entre mulheres serão, sim, mais profundas e mais complexas, abrangendo uma paleta de emoções muito mais colorida, pois compartilhamos um mundo que só funciona explorando os nossos corpos. Até nossos amores e nossas amizades são políticos — não dá para caminhar pelo mundo imune a isso. É um conhecimento que tá grudado na nossa pele. Mas a partir daí precisamos fazer o que o patriarcado não faz e olharmos umas para as outras em nossas diferenças e jamais subestimar os conflitos que surgem a partir delas. Só assim saberemos quando compor, ceder, construir, e quando é preciso tempo, afastamento, rompimento. Temos permissão para não amar todas as mulheres igualmente. Mas precisamos respeitá-las.

O feminismo não deve ser o escudo que se usa para proteger os próprios privilégios de classe e raça; afinal, por mais consciente, militante e estudiosa que seja uma mulher, nada impede que ela reproduza as violências concretas e simbólicas que o patriarcado nos ensinou tão bem.

Hoje em dia eu não sou mais uma garotinha assustada e precipitada; adoraria me sentar na mesa com minhas amigas de infância e entender quem elas são no presente. Na minha fantasia, Marcela usa sua liderança e sua retórica convincente sendo uma advogada fodona; alguém que superou a própria insegurança e sabe canalizar a raiva para causas nobres, impossíveis. Só com esse tipo de energia você entra numa briga perdida com a certeza que vai ganhar. E Manuela, com sua escuta atenta, compaixão e inteligência, pode estar atendendo como terapeuta, indicando caminhos de liberdade de autoestima para quem chega ao seu consultório sem saber para onde ir.

Provavelmente eu nunca vou saber como elas estão hoje. Num mundo pré-internet, em que os afastamentos eram mais naturais, a vida nos levou para caminhos diferentes. O fato é que eu ainda carrego comigo essas meninas conselheiras que me amparam, desafiam e devolvem meus pés para o chão.

Elena Clarice
Gloria Carolina

Quando Virginia Woolf lançou o seu famoso ensaio *Um teto todo seu*, no qual defendia que uma mulher para ser escritora precisava "ter dinheiro e um teto todo seu se quiser escrever", o texto foi recebido de forma protocolar pela crítica, mas logo se tornou *cult*. Até hoje ele emociona e inspira jovens escritoras pelo mundo inteiro, também sendo adotado com entusiasmo por outras minorias políticas como a comunidade LGBTQIA+. De alguma maneira aquele livro legitimava um desejo e dizia para mim que existia um caminho se eu quisesse me tornar uma autora. Virginia foi generosa, ela pisou nas pedras em brasas e veio contar como era.

Infelizmente eu não pude seguir exatamente seus conselhos — para uma menina suburbana, latino-americana, sem renda própria, estudante de escola pública, definitivamente eu não poderia esperar ter "um teto todo meu" para escrever. A metáfora da Virginia falava de matar o anjo do lar, ter a própria renda e não depender de ninguém para ter liberdade na escrita. Eu tinha que escrever no ônibus, no intervalo das aulas; escrevia enquanto a minha mãe chamava, enquanto o meu pai implantava o caos, enquanto eu brigava com a minha irmã, e no centro da desordem eu podia encontrar o silêncio. Até hoje o meu marido, também roteirista, se impressiona com a minha capacidade de parir textos enquanto a chaleira apita, o interfone toca, a filha chama, o caminhão do ovo passa. O tumulto é o lar da minha escrita.

Não foi simples aceitar isso. Fiquei um tempo em conflito com essa ideia. De que eu era uma autora pior por não ter um espaço privado para escrever, ou mesmo um tempo só meu. Persegui — e tem uma parte de mim que ainda persegue — uma estabilidade financeira e emocional que vai me dar o silêncio e a segurança necessários para ter o tal teto. Ao longo dos anos, descobri outras autoras que ampliaram e contestaram a tese da Virginia Woolf. E foi um alívio encontrar os textos de Gloria Anzaldúa, que em seu livro de ensaios defende que, se esperarmos o teto todo nosso e as condições ideais, as mulheres pobres, latinas, as mães solteiras, as putas, as *queer* jamais vão escrever. Ou Carolina Maria de Jesus, que se dividia entre apresentações artísticas, cantando e recitando, que cuidava dos filhos e ainda era uma autora superlativa. Clarice Lispector, que depois da separação usava pseudônimos e escrevia para publicações femininas, ensaios, artigos e aceitava todo tipo de trabalho que aparecia para poder pagar as contas. E também meu mais recente amor, Elena Ferrante.

Obviamente eu poderia falar de *A amiga genial* e toda a gama de emoções que senti ao ler a tetralogia. Todo mundo falou muito disso, inclusive eu. Mas eu gostaria de falar de um livrinho da Elena Ferrante que passou meio despercebido, de fragmentos, ensaios e notas autobiográficas, *Frantumaglia*.

No único livro de não ficção da autora italiana, em diversos momentos vemos Ferrante repetir a tese de Virginia Woolf: para escrever é necessário um espaço privado com porta trancada, livre de pressões externas, onde o único imperativo seja o processo criativo — e para uma mulher é mais difícil cavar esse espaço. Elena radicaliza essa hipótese, deixando a sua identidade oculta e defendendo que os livros falem por si só. Para ela, a superexposição do autor macula a obra — misturando sua identidade com a ficção construída e impressa. Nada mais diferente de mim, que construí uma carreira publicando na internet em posts que de vez em quando mostravam a minha cara e um pouco mais raramente a minha bunda.

É provável que Ferrante seja mais velha do que eu, pelo menos uns vinte anos, e nunca tenha vivido a ansiedade *millennial* de ter que se tornar uma pessoa pública para dar visibilidade ao próprio trabalho. E amo como a autora napolitana radicaliza essa ideia se mantendo anônima. O que Ferrante faz é a minha utopia, meu sonho de princesa. Estar protegida por uma casca grossa de notoriedade e invisibilidade.

Em *Frantumaglia*, Elena Ferrante publica cartas nunca enviadas nas quais ela se sente livre para confrontar jornalistas, com entrevistas longuíssimas em que ela se recusa a responder às perguntas, usando o espaço para reforçar a ideia de reclusão e a impossibilidade de traçar uma linha clara entre o real e o imaginado. Em um lampejo de sinceridade comovente, ela revela o que muitos autores resistem em admitir: toda ficção é uma metáfora composta de fragmentos de vida, reorganizados por quem escreve. Para que causar constrangimentos ou mal-entendidos com as pessoas amadas que tiveram momentos de brilhantismo ou mesquinhez eternizados nas páginas?

O Rio de Janeiro é minha Nápoles. É aqui o buraco negro de reminiscências que me atrai, que me suga, o ralo que me leva para o fundo das experiências da minha vida. Tento escapar, mas é impossível. Os esculachos que eu dou e recebo estão no Twitter, minhas inimizades, no Instagram, e se você fuçar um pouco pode achar uma Renata terrível nos meus posts de Facebook de dez anos atrás. O controle que Elena tem sobre a própria história e as pistas que ela dá sobre sua classe econômica, seu gênero, sua origem e formação são o que ela deseja contar (ou inventar). Eu sou um presente de Natal desembrulhado ao alcance do Google, sem direito ao esquecimento.

Ainda assim me sinto muito próxima desse comportamento, tão oposto ao meu. Vejo essa reclusão com carinho, mesmo que ela seja impossível para mim — só consigo ser eu mesma, e nenhuma outra. O que identifico ali — e também nas minhas amadas Clarice, Gloria e Carolina — são as estratégias das sobreviventes. Aquelas que lançam mão de qualquer recurso para proteger o espaço sagrado da escrita, mesmo que ele esteja dentro do olho de um furacão.

O Rio de Janeiro é minha Nápoles. É aqui o buraco negro de reminiscências que me atrai, que me suga, o ralo que me leva para o fundo das experiências da minha vida. Tento escapar, mas é impossível.

Hímen pra quê?

UMA JOVEM MORENA ESTÁ ENROLADA numa toalha. Seus longos cabelos se espalham pelos ombros e ela lança um olhar de apreensão para o marido. Ela é recém-casada e, na noite de núpcias, deve se submeter a um teste de virgindade. Mas a jovem já se relacionou sexualmente com outro homem antes, e seu marido sabe disso. Para que a vergonha não recaia sobre ele, o marido decide cortar o próprio braço e manchar o lençol de sangue, simulando, assim, para as suas famílias, que o hímen de sua esposa fora rompido durante a relação sexual do casal e que ele foi o primeiro homem a tocá-la.

A cena aconteceu na ficção, na novela *Explode coração*, sucesso dos anos 1990. Com uma audiência gigantesca em uma era pré-popularização da internet, a trama mobilizou revistas e programas de fofocas e foi debatida com animação nas famílias. A virgindade como motor para histórias acontecia também nos Estados Unidos e na Europa: a chegada da TV à cabo trouxe o universo de séries adolescentes norte-americanas, como *Minha vida de cachorro, One Tree Hill, Dawson's Creek, Barrados no baile*. Todos esses programas tinham pelo menos uma mocinha virgem e uma antagonista que já transava — e, por isso, deveria cumprir um calvário emocional até conquistar o amor. Infelizmente, a obsessão com o tema não era exclusividade da ficção. Mais ou menos na mesma época, a cantora Britney Spears teve sua vida sexual vasculhada, e programas de TV dedicavam horas para especular se ela era virgem ou não. Movimento semelhante aconteceu no Brasil com a Sandy, que teve que lidar com perguntas sobre sua primeira vez em várias entrevistas.

Olhando para trás, é possível perceber o quanto a imprensa de celebridades era invasiva ao especular sobre a vida sexual de adolescentes, e essa invasão continua acontecendo, agora em proporções gigantescas nas redes sociais. Chega a ser difícil mensurar o tamanho do impacto social desse escrutínio. Em mim, ele foi claro: um dos meus maiores medos era transar, ser chamada de piranha, e no microcosmos da minha escola me tornar a vilã, a garota que transa.

> Um dos meus maiores medos era transar, ser chamada de piranha, e no microcosmos da minha escola me tornar a vilã, a garota que transa.

O controle a respeito dos nossos corpos começa muito cedo e é extremamente eficiente, e nós somos tanto alvo dessa vigilância quanto as próprias vigilantes. Quando temos nossas sexualidades vigiadas e nosso valor atrelado ao nosso comportamento sexual, estamos vivendo uma prisão social perfeita. O filósofo Michel Foucault traduziu essa angústia com o conceito de panóptico: uma prisão ideal, de vigilância total e inescapável. Recentemente, a pesquisadora feminista Alison Winch usou o termo "ginóptico" para definir mulheres que vigiam mulheres e os conceitos morais que estão tão arraigados dentro de nós que nós mesmas nos vigiamos. Tão simples e tão real.

Às vezes sinto que, por pior que tenha sido a década de 1990, ao menos nós não tínhamos a vigilância ideal das redes sociais. Era possível, claro, sofrer cancelamento e *slut-shaming* por ter transado sem seguir as regras, que eram:

- transar com um cara legal;
- ser uma noite especial;
- estabelecer um relacionamento com o menino que "tirou sua virgindade";
- namorar sério.

Eu não fiz nada disso e, por muito tempo, me achei cínica e dissimulada: em relação às minhas amigas, minha primeira transa foi tarde e, mesmo depois de ter transado, sustentei que era virgem por muito tempo. Uma santinha do pau-oco legítima, mas a verdade é que eu não queria prestar contas da minha vida sexual para ninguém, queria processar aquela informação de forma genuína usando os meus próprios critérios e sentimentos, sem que a opinião alheia interferisse. E na minha assembleia entre a Renata que se achava uma piranha cínica, a Renata que achava ok transar e a Renata que ainda estava em dúvida, chegamos a uma única conclusão: a primeira vez foi uma merda, muito barulho por nada, preferia mil vezes ficar dando uns amassos. Nem sei quanto tempo demorou para eu gozar numa relação heterossexual, e para mim o sexo era muito mais uma coisa que eu fazia para agradar e exercer poder do que para me divertir. Quanto tempo desperdiçado!

De lá para cá, os debates sobre sexualidade avançaram, e muitas adolescentes e mulheres assumiram uma postura mais ativa sobre a busca pelo prazer e a descoberta do próprio corpo. Alguns mitos, no entanto, se mantêm. A virgindade continua sendo um deles. Apesar de não ser um fato médico-científico (não, ela não é!), continua sendo um fato cultural tão incontestável que sua existência ainda impacta no exercício da sexualidade de mulheres de diversas idades. E pode virar uma sombra em suas vidas sexuais e reprodutivas.

Já que a virgindade não é um conceito científico, o que ela é? Para uma sociedade machista e falocêntrica como a nossa, é toda a vida de uma mulher antes de seu primeiro ato sexual com a penetração de um pênis em sua vagina. A penetração ganha *status* de rito de passagem, no qual aquela adolescente ou jovem finalmente se torna uma mulher e perde, junto com a virgindade, sua pureza e inocência. Então, simbolicamente, o pênis ganha um *status* mágico e transformador com potência dupla, positiva e negativa. Ao penetrar uma vagina, essa varinha mágica alteraria o nível de compreensão da mulher a respeito do mundo, tornando-a "adulta", e alteraria as suas qualidades morais — de inocente para amoral. E, de alguma maneira, essas características místicas do pênis se mantêm intactas no imaginário cultural até hoje. E posso afirmar, com um grau de precisão de quase 100%, que nenhuma mulher se sentiu mais esperta ou inteligente depois de transar com um homem pela primeira vez.

Além disso, o ato de perder a virgindade teria consequências físicas claras — o sangramento, que supostamente seria observado após a primeira penetração, e o rompimento do hímen, que poderia ser verificado por um teste clínico executado por um ginecologista. O menino que transou comigo pela primeira vez teve sérias dúvidas se eu era virgem ou não — não sangrei, uns dias depois minha calcinha ficou manchada com um sangue quase seco e marrom que parecia uma borra de café. Muitas mulheres não sangram. Uma imagem como aquela do sangue profuso que descrevo no primeiro parágrafo é bem rara, logo é impossível atestar por esse método se um pênis já tinha entrado naquela vagina. Mas claro que o machismo ia arranjar outra maneira: os testes com falso valor científico.

Esses testes variam de cultura para cultura: pode ser apenas visual ou mesmo um exame de toque feito em consultório. Alguns médicos, cientistas, psicanalistas e feministas, no entanto, o questionam há algum tempo, e com razão, e pensam os marcos sexuais de maneira mais fluida.

No campo médico-científico, as pesquisadoras norte-americanas Rose McKeon Olson e Claudia García-Moreno publicaram, em 2017, no *Reproductive Health Journal*, um artigo chamado "Virginity testing: a systematic review". Nele — e pela primeira vez na história da medicina —, uma pesquisa usava métodos científicos para atestar os benefícios e a confiabilidade dos testes clínicos de virgindade, que têm o intuito de mostrar, por observação e toque vaginal, se uma mulher foi penetrada ou não. No imaginário coletivo, a presença do hímen significaria virgindade; já sua ausência, que uma mulher havia sido penetrada. As descobertas da dupla são contundentes. É impossível, por meio de qualquer exame clínico, saber se uma mulher teve sua vagina penetrada por um pênis ou por um objeto. Os exames são um resquício cultural patriarcal sem evidência científica.

> É impossível, por meio de qualquer exame clínico, saber se uma mulher teve sua vagina penetrada por um pênis ou por um objeto.

É claro que fui fazer a minha própria pesquisa sobre hímen. Não é possível que tenha passado a minha adolescência lendo sobre ele na *Capricho* e que nunca soube exatamente o que era. Bom, é agora que você se senta para não cair, cara leitora: o hímen é apenas um fragmento que sobra no processo de formação da vagina, desenvolvido no período fetal, sem função biológica alguma. Ele pode ser elástico e não se romper; algumas mulheres nascem sem; em muitos casos, a membrana simplesmente se regenera. Os himens são tão diversos e se comportam de maneiras tão distintas que considerá-los um selo de pureza ou uma prova de que aquele canal vaginal nunca foi tocado é uma ficção, e essa história que nos foi contada tem como único objetivo o bom e velho controle dos corpos das mulheres. Em uma das conclusões do artigo, as autoras recomendam fortemente que os testes de virgindade parem de ser utilizados por autoridades para atestar violência sexual. E que a falta de efetividade dessa prática pode ter deixado muitas vítimas de violência sexual vulneráveis a seus agressores.

Imagina ser examinada depois de um estupro e o médico considerar mentira, pois ainda existe um hímen? Por isso mesmo, outros marcadores precisam ser usados.

Mas, se a ciência já descarta o hímen como indicador de virgindade, por que os testes ainda são tão populares e o imaginário se mantém? Fui conversar com Thayz Athayde, psicanalista, escritora e doutora em educação pela UFRJ (Universidade Federal do Rio de Janeiro), e ela foi superesclarecedora:

"É importante compreender que o que chamamos de médico-científico faz parte de algo cultural. Como exemplo, podemos pensar nas mulheres internadas como loucas nos séculos XIX e XX, com o diagnóstico de histeria. A causa, segundo os médicos da época, seria um 'útero animalesco', que poderia ser curado com a sua retirada, a retirada do clitóris ou com a introdução de gelo na vagina. Hoje, sabe-se que os diagnósticos eram baseados em uma profunda misoginia. Portanto, ainda que por si só a virgindade não seja um conceito médico, mas uma forma violenta de discriminação de gênero, muitos médicos utilizaram-se dessa ideia, mesmo sabendo tratar-se de um conceito cultural."

Mesmo sendo uma construção cultural sem base científica, o hímen ainda determina — e muito — os nossos destinos sexuais. Cirurgias para reconstruí-lo ou retirá-lo ganharam pedidos nos consultórios especializados em plástica. Como dois lados da mesma moeda, os procedimentos refletem tipos diferentes de ansiedade sexual. A de reconstrução de hímen serve para recuperar a virgindade perdida e "presentear" um parceiro, apagando simbolicamente o passado sexual da mulher. A cirurgia de retirada geralmente é indicada de forma correta, em casos de hímen imperfurado — aquele que cobre totalmente a entrada da vagina, impedindo, inclusive, que flua o sangue menstrual, e provoca complicações de saúde. Essa última, no entanto, também anda sendo recomendada como panaceia para diversas dificuldades sexuais, de vaginites a medo da penetração. E, claro, em sua maioria são recomendadas por médicos homens, que se aproveitam dessa desinformação para ganhar dinheiro com mulheres em momentos vulneráveis de suas vidas.

A minha tristeza é que o autoconhecimento e a experimentação sexual estão sendo substituídos por um ato médico. E talvez seja difícil convencer as próprias mulheres de que o hímen não era tão importante assim — afinal, vivemos em uma sociedade em que o nosso valor está atrelado à moralidade sexual e, quando esse conceito cai, cai também todo um esforço, um desperdício de tempo no qual as mulheres tentaram ser (ou ao menos parecer) recatadas. Eu dou uma pausa aqui para que você que me lê relembre quantas vezes reprimiu o seu desejo sexual por absolutamente NADA.

Ao vincular o principal marco da vida sexual de uma pessoa à perda da virgindade provocada pela penetração de um pênis numa vagina, estamos dizendo que a única maneira de uma mulher ter uma vida sexual é quando ela se relaciona com um homem cisgênero e que essa prática é a única válida. A lógica dessa construção remonta a uma antiga crença conservadora de que sexo é um ato reprodutivo, e não um ato de prazer ou a troca entre dois ou mais corpos. Sendo a reprodução entre humanos feita por meio de penetração, e a sociedade machista controlando os corpos das mulheres para atestar a paternidade, cria-se um caldeirão cultural que separa o que é sexo do que não é sexo em uma perspectiva exclusivamente cis-masculina — quando seria muito mais justo que mulheres pudessem decidir por meio de suas experiências quais são os marcos relevantes da sua vida sexual.

Por exemplo: talvez para mulheres lésbicas, bissexuais e uma grande gama de pessoas *queer*, a primeira vez nada tenha a ver com pênis entrando em vaginas — pode ser, por exemplo, a primeira vez que se gozou em companhia de alguém; para meninos gays, a primeira vez que foi penetrado. E, para além disso, são muitas as primeiras vezes antes que o marco sexual "virgindade" seja deixado para trás. Talvez os marcos sexuais possam ser tão diversos quanto são diversas as pessoas. Esses marcos não deveriam ser regulados por uma crença cultural ultrapassada — como a ideia de virgindade roubada ou perdida após a penetração.

> Talvez para mulheres lésbicas, bissexuais e uma grande gama de pessoas *queer*, a primeira vez nada tenha a ver com pênis entrando em vaginas.

Alguns estudiosos pensam que o grande marco sexual de uma pessoa deva ser a ideia de consentimento. Um conceito bem menos objetivo do que um pênis em uma vagina, que exige que as pessoas que vão transar sejam bem mais honestas a respeito do que desejam fazer durante o sexo.

A mudança de percepção cultural do que são práticas sexuais pode fazer com que adolescentes e mulheres jovens entendam de forma mais ampla suas experiências sexuais fundadoras e os momentos-chave dessa caminhada. Mas não só elas. Para mulheres como eu, já adultas e com vidas sexuais ativas, pode ser uma oportunidade de rever suas histórias e olhar com mais generosidade para suas experiências eróticas, pensando que o prazer, a segurança emocional e o tesão podem ser marcos fundadores tão ou mais importantes do que a penetração — ou um detalhe anatômico.

Por que a gente goza tão pouco?

O SEXO COM ANA FOI, desde o primeiro dia, o melhor da vida de Suzana. Havia o fato de, em meados de 2014, aquele ser o primeiro relacionamento de Suzana com outra mulher — isso "já era o bastante pra ser excitante como nunca antes", e havia o fato de Suzana estar vivendo um momento de liberdade inédito, no qual "a monogamia e a heterossexualidade não faziam mais sentido nenhum". O cenário do primeiro romance gay de Suzana foi San Telmo, bairro boêmio de Buenos Aires, capital da Argentina. Ali, e com Ana, gozar era trivial e fácil. "Honestamente? Nem pensava se havia tido ou não orgasmos em determinada transa. Provavelmente sim, e até mais de um. Mas o ponto é que estava feliz, satisfeita e fogosa. Gozar não era uma questão", recorda hoje, aos 36 anos, de volta ao Brasil e cheia de questões com os próprios orgasmos.

Era uma pesquisa chocante. Bom, ao menos chocante para mim. Logo mandei o link para todas as minhas listas de amigas no WhatsApp, abismada: segundo o levantamento da pesquisadora Carmita Abdo, metade das mulheres brasileiras não goza. Metade não: para ser justa, 55,6% das mulheres no Brasil têm dificuldade para gozar.

O estudo da Universidade de São Paulo ouviu 3 mil participantes com idades entre 18 e 70 anos em sete cidades do país: São Paulo, Belo Horizonte, Rio de Janeiro, Salvador, Belém, Distrito Federal e Porto Alegre. E, em um debate bem honesto com as mulheres que me cercam, chegamos à conclusão de que o dado estava subdimensionado. Muitas de nós naquela conversa já tinham passado por períodos anorgásmicos, em que o gozo parecia impossível. E muitas de nós também já tínhamos fingido orgasmo, por diversos motivos. E falo por mim: relacionamento em crise, pressa, parceiro ruim de cama, insegurança, cansaço, falta de tesão, vontade de que terminasse logo. E o motivo mais triste e mais real que eu posso dar: mesmo sendo uma mulher muito segura de mim mesma, parte de mim já acreditou muito que sexo é algo que concedo aos homens, e não algo que faço para mim.

Parte de mim já acreditou muito que sexo é algo que concedo aos homens, e não algo que faço para mim.

Essa parte de mim é cada vez menor, mas ainda aparece, e quando ela aparece, o sexo fica tedioso, chato, anorgásmico, como o da pesquisa. É duro admitir, mas a verdade é essa, e eu não poderia escrever este texto dizendo que sou a mulher maravilha transuda que ao primeiro toque vai às nuvens. Não sou, e quanto mais sou sincera a respeito disso, melhor o sexo que eu faço fica. E claro, esses fatores emocionais e sociais quando aplicados na cama sempre me deixaram muito curiosa, afinal, se é moleza gozar me masturbando, por que às vezes nas relações com parceiros a coisa fica tão travada? Então essa nerd insuspeita foi fazer o que sabe fazer de melhor — investigar.

Eu sinto que, por mais que homens possam ter falado de sexo, as mulheres ainda têm muito mais a dizer, pelo simples fato de que até bem pouco tempo atrás não podíamos falar sobre isso. Enquanto eles fantasiaram, ficcionalizaram, documentaram, nós só pudemos nos educar pela ótica deles. A meu ver, isso também é um fator muito importante quando pensamos o que acreditamos ser sexo, como o sexo é e como ele poderia ser. E a falta de orgasmos é um reflexo disso.

Bom, vamos a ele. O gozo. Para a ciência, o orgasmo é uma função biológica presente em todos os corpos humanos, com raríssimas exceções. A dificuldade de tê-los não deveria ser a norma, mas, em um mundo de repressão sexual e regras limitadoras que impedem as mulheres de explorar a própria sexualidade, não gozar ainda é comum entre nós, mesmo quando falamos de mulheres urbanas, com poder aquisitivo e acesso a informações sobre o próprio corpo — o meu caso. E os homens, você deve estar se perguntando, sofrem com a anorgasmia? Sim, mas, segundo as fontes ouvidas para este texto, a literatura médica — e os consultórios — mostram, muito menos que nós. Apenas 4% se queixam da falta de orgasmos. E aí, infelizmente, ainda mora o que podemos chamar de "machismo podando nossas libidos" ou "sociedades patriarcais criando mulheres menos orgásmicas". Por mais que a anorgasmia seja contornável, passageira, e uma realidade até mesmo para as mulheres livres, ela ainda é mais presente na vida da população feminina. Tanto que chega a ser uma característica atribuída à nossa sexualidade, e não à dos homens — fria, frígida, dormiu de calça jeans, vai procurar uma rola pra ver se te acalma, malcomida, essas ofensas que dão como certa uma vida sexual horrível para nós.

Mas nem tudo está na nossa cabeça. Alterações neurológicas, lesões na medula, arteriosclerose (endurecimento e espessamento das paredes das artérias) e o uso de algumas medicações psiquiátricas podem impedir mulheres — e homens — de chegarem ao orgasmo, mas, na maioria dos casos, a causa não é física, mas um conjunto de fatores psicossociais. Uma permissão interna para gozar livremente. Muitas de nós já sentimos essa permissão em vários momentos da vida: quando estamos relaxadas, felizes, apaixonadas, cheias de tesão. Aí o gozo vem fácil.

Muitas de nós já sentimos essa permissão em vários momentos da vida: quando estamos relaxadas, felizes, apaixonadas, cheias de tesão. Aí o gozo vem fácil.

A psicanalista Mariana Stock, fundadora do site Prazerela, conta o que acontece na nossa cabeça de verdade quando a gente goza.

"O orgasmo ocorre com a diminuição da atividade cerebral do neocórtex a fim de dar espaço ao sistema límbico. Para isso, é preciso abrir mão do controle e da performance. Se você entra numa relação preocupada em gozar, isso desconecta você do ato. E, paradoxalmente, atrapalha o objetivo. O orgasmo é fruição, não obrigação. A prioridade do sexo deveria ser o prazer, não o orgasmo. Até porque não é possível o segundo sem o primeiro." Mas se autorizar o prazer não é fácil, não é um botãozinho que liga e desliga. Vivemos numa sociedade em que mulheres são educadas desde a infância para o cuidado e a doação para o outro, e o prazer se torna supérfluo. Usar o tempo para se tocar, experimentar eroticamente e gozar fica em último lugar na lista de prioridades. Isso quando entra na lista. E gozar sozinha, experimentar, ver pornô, usar brinquedos eróticos pode ser uma linha perigosa a ser cruzada — mostra que a mulher está deixando de lado o zelo com o outro e cuidando de si mesma. Como abdicar da função de cuidar de todo mundo, de ser mãe, amiga, cuidadora, cozinheira, faxineira e amante que apenas dá, de forma sacrificial, sem receber nada?

    Não é só a ciência que fala de anorgasmia feminina. A gente pode encontrar explicações na poesia e no pensamento de teóricas feministas. Em seu ensaio *Os usos do erótico: O erótico como poder*, a escritora norte-americana Audre Lorde discorre sobre o potencial revolucionário e de autoconhecimento do erotismo feminino. Ela explica como a supressão do erotismo também é uma estratégia patriarcal para usurpar o poder das mulheres. Apesar de Audre não falar somente dos espasmos do orgasmo, sua tese faz bastante sentido. Vivemos num mundo com imagens de corpos femininos nus e seminus vendendo uma gama infinita de produtos, mas dificilmente esses corpos servem a suas donas. "Para se perpetuar, toda opressão deve corromper ou distorcer as fontes de poder inerentes à cultura das pessoas oprimidas, fontes das quais pode surgir a energia da mudança. No caso das mulheres, isso se traduziu na supressão do erótico como fonte de poder e informação em nossas vidas", escreveu Audre.

A repressão à sexualidade feminina é tão violenta que muitas vezes o sofrimento sexual e a anorgasmia nem sequer aparecem na nossa fala, pois, para que apareça, é preciso pensar na própria sexualidade e depois verbalizar. Quantas vezes a gente reclama e repete sobre a falta de sorte no amor, sobre o dedo-podre, sobre a dificuldade de arranjar um parceiro, quando na verdade estamos falando da falta de sexo em quantidade e qualidade?

Tudo aponta a falta de orgasmo muito mais como sintoma de uma sociedade machista do que uma patologia física que as mulheres podem medicar com uma pílula milagrosa como o Viagra é para os homens. Pra gente gozar mais, é preciso mudança cultural. Revolução. E se não podemos botar a sociedade patriarcal abaixo de uma vez, que pelo menos possamos revolucionar nós mesmas e as mulheres ao nosso redor, falando, ouvindo e fazendo mais sexo de qualidade.

Num Brasil em que a educação sexual é demonizada pelo governo federal e *fake news* a associam à pedofilia e a uma fantasiosa "ideologia de gênero", provavelmente avanços nessa área serão lentos. O que faz com que gozar com liberdade pareça cada vez mais um ato político do que apenas íntimo. Quando essa dimensão erótica puder ser finalmente liberada como expressão da potência feminina, o gozo não será mais um tabu ou ato impossível, e sim uma consequência natural da existência das mulheres no mundo.

Clandestinas

O MOLETOM ERA FUNDAMENTAL PARA meninas adolescentes do final da década de 1990 e início dos anos 2000. Você usava o moletom do seu namorado no recreio para dizer que aquele menino era seu; amarrava o moletom na cintura para disfarçar a bunda e tentar evitar o assédio; e, mesmo no calor escaldante do Rio de Janeiro, usava um moletom bem largo para esconder o fato de que a sua barriga estava crescendo e que você estava grávida.

Eu tinha catorze anos e estudava em uma escola pública técnica quando uma das minhas colegas de classe passou a usar moletom durante as aulas. Amparada pela melhor amiga, ela corria das aulas para vomitar, e seus cabelos lisos, castanhos, brilhantes emolduravam um rosto em pânico permanente. Eu ainda não fazia ideia de que aquilo significava que ela estava grávida, mas alguns meses depois ela desapareceu das aulas. O seu namorado continuava frequentando a escola normalmente, e logo soubemos que ela teve um bebezinho e que eles iam se casar.

As meninas da turma se organizaram para ir à Praça Saens Peña comprar um presente, talvez umas flores, e depois seguiríamos de ônibus até o Méier para visitar a nossa amiga. Nós éramos meninas, cantamos Legião Urbana no fundão do ônibus, rimos, falamos das aulas, dos colegas e também compartilhamos vários momentos de silêncio. E era nesses momentos que a gente lembrava que uma de nós tinha ultrapassado uma barreira da qual não fazíamos ideia. Muitas de nós ainda éramos virgens; eu era. Aquela situação toda era muito assustadora, mas, de alguma maneira, também excitante — talvez transar fosse esse rito de passagem, não um rito qualquer. Esse ato tinha o poder de antecipar futuros e te catapultar de estudante entediada para uma vida em que você era mãe, esposa, teria sua própria casa. O tamanho da força do sexo estava se revelando dentro da minha imaginação. Eu estava cheia de perguntas e me sentia com coragem para fazer todas elas.

Uma casa com um bebê recém-nascido é um templo. As pessoas falam baixo, falam o necessário. E, como todo templo, possui seu cheiro característico. No lugar de incenso, palo santo, defumadores, podemos sentir leite e suor. Como todo templo, a casa onde vive um recém-nascido tem rituais e ablução. Um grupo de garotas uniformizadas fazendo fila no banheiro para lavar bem as mãos, o rosto, e esperando com paciência para poder tocar o bebê. Não é possível fazer perguntas num templo. É um lugar de silêncio e observação. E o que vimos foi nossa amiga, com o seu rostinho redondo de menina, o cabelo castanho enrolado num coque em cima da cabeça, segurando o filho, um menino tão pequenininho que senti vontade de chorar, o meu peito ficou tão apertado que precisei disfarçar as lágrimas tentando pular dos meus olhos.

Uma casa com um bebê recém-nascido é um templo. As pessoas falam baixo, falam o necessário. E como todo templo, possui seu cheiro característico. No lugar de incenso, palo santo, defumadores, podemos sentir leite e suor.

Ela entregou o bebê para a mãe e abriu um sorriso enorme, um sorriso que a gente não observava havia tempos. Ela queria saber das aulas, se a gente ia entrar no time de handebol, como estavam os professores. Ela não tinha virado uma adulta, o sexo não a tinha modificado a esse ponto. Ela era uma menina com um bebê, uma menina que ainda se empolgava quando a gente falava dos *Backstreet Boys* e dos campeonatos de esportes. Uma menina que perdeu o ano na escola.

Durante o almoço, soubemos que o namorado era ótimo. Assumiu a criança e agora trabalhava no contraturno da escola e, se tudo desse certo, em dois anos eles poderiam morar juntos. A mãe dela mostrava os pratos na mesa: farofa, arroz, feijão, bife, couve refogada, salada de alface e tomate, e se orgulhava.

— Minha filha que fez. Ela sabe fazer tudo, eu ensinei...

Estávamos nos sentindo em casa, era uma sensação triste-feliz. Comemos muito e depois teve manjar de sobremesa. O bebê chorou, e nossa amiga foi pra dentro da casa dar de mamar. Estava ficando tarde e, depois que escurecia, aquele ponto de ônibus era meio perigoso. Acabou que fomos embora sem nos despedir, mas sabendo, com certeza, que não era um adeus, e sim um até logo. Nos veríamos na escola no próximo ano. Estávamos erradas. Ela não voltou. Nem no ano seguinte, nem no outro.

A verdade é que eu não sei esquecer.

Queria ter sido uma amiga melhor, botado o bebê para arrotar, ter segurado o cabelo dela para que ela vomitasse, ter perguntado: é isso mesmo que você quer? Mas naquela época eu não sabia de nada, e hoje, adulta, tenho a sensação de que continuo sem saber de muita coisa.

Dois anos depois, eu estava morando com os meus pais e a minha irmã em um predinho popular na Zona Norte do Rio de Janeiro. Os apartamentos eram pequenos, não tinha elevador, e eu passava mais tempo na rua com os meus amigos de escola e da militância do que dentro de casa. Comecei a fumar, me achava adulta e me aproveitava do fato de que meus pais estavam batalhando em guerras que eu não fazia ideia do tamanho para poder entrar e sair a hora que eu quisesse. A única coisa legal daquele ambiente naquele momento era uma vizinha mais nova no andar de cima.

Mari era bonita, hilária, bem mais esperta que eu, entendia de música, sacava de moda, sabia aonde ir na cidade, já ficava com vários meninos. Eu, trouxa, estava apaixonada por um colega de escola, sem coragem de me declarar e vivendo tudo dentro da minha cabeça. Era daquelas amigas que ampliam as nossas fronteiras e fazem a vida ser mais divertida. Nossas mães trabalhavam o dia inteiro, e a gente aproveitava para ligar no disk-amizade, ver MTV, bater perna no shopping, beber cerveja escondido. Mari era uma dessas garotas que você mataria e morreria para ficar perto.

Engraçado que recentemente vi uma foto nossa naquela época, e éramos só duas meninas magrinhas, sem peito e com uma cara de assombro. A mochila num ombro só, uma fogueira queimando tudo por trás dos olhos.

Durante uma tarde de verão, bem perto das férias, Mari interfonou para o meu apartamento e pediu que eu subisse. Era cedo, fui pulando os degraus de dois em dois, já suando com o calor infernal que faz no Rio de Janeiro essa época do ano. Eu mal toquei a campainha e ela me puxou pra dentro, e eu fui tragada por uma outra realidade. Ela ficou grávida e conseguiu pílulas de misoprostol para fazer um aborto caseiro. Nossa toca do coelho não tinha gatos misteriosos, lagartas fumantes, rainhas malvadas. Nossa toca tinha só o medo da morte, do qual não falamos durante todo aquele dia.

A experiência de acompanhar um abortamento caseiro e ilegal quando eu era adolescente me marcou para sempre. Eu não poderia fazer nada, não tinha ideia do que fazer se algo desse errado. Eu podia segurar a mão da minha vizinha, enxugar sua testa molhada. Mas quais os sinais de que aquilo estava funcionando? De que ela não iria morrer? As adolescentes que eu via na TV estavam dando seu primeiro beijo e sofrendo por amor, não estavam sentadas do lado de fora do box do banheiro vendo sua amiga gemer e sangrar. Eu queria uma comédia adolescente, queria que o menino que eu gostava me buscasse para me levar ao baile, queria ouvir o primeiro "eu te amo" e ser olhada como se fosse a única garota do planeta Terra. Não achei que aquela sensação de ser a única garota do planeta ia me acontecer enquanto estivesse enrolando minha amiga numa toalha e colocando-a na caminha de solteiro num quarto ainda cheio de bichinhos de pelúcia.

A experiência me impactou tanto que trago o tema do aborto sempre que posso em tudo que eu escrevo, em tudo que produzo.

Em 2014, o Brasil elegeu o congresso mais conservador da história do Brasil até então, desde a ditadura militar. Os poucos direitos reprodutivos das mulheres estavam em risco, e foi nesse período que o deputado Eduardo Cunha começou a trabalhar pela aprovação do Estatuto do Nascituro, uma aberração legislativa que iria restringir ainda mais os direitos sexuais e reprodutivos das mulheres. Em reação a isso, diversos coletivos feministas se organizaram para um encontro nacional, no qual iríamos debater maneiras de pautar a descriminalização e a legalização do aborto no Brasil. Foi nesse encontro que eu desenvolvi o documentário *Clandestinas*, um média-metragem disponível hoje no YouTube, em que mulheres diversas falam em primeira pessoa sobre a própria experiência com o aborto ilegal. Todos os depoimentos são reais, mas misturei atrizes e entrevistadas para que não recaísse sobre as participantes do documentário nenhuma questão com a justiça.

No Brasil, o aborto é considerado um crime contra a vida e isso pode te levar ao tribunal do júri, um crime que só prescreve depois de oito anos do ato, segundo o código penal. Uma mulher que aborta em uma clínica ou em casa pode ser julgada da mesma maneira que um Pimenta Neves ou um Goleiro Bruno, que cometeram feminicídios bárbaros contra suas ex-companheiras. E isso diz muito sobre a sociedade em que vivemos.

O filme correu por festivais, foi exibido em coletivos, escolas e universidades. Fui convidada a falar sobre ele e fui atacada por fundamentalistas religiosos nas redes e uma vez pessoalmente. Na saída de uma das conversas, ativistas antimulher (me recuso a chamá-los de pró-vida) me jogaram um monte de fetozinhos de plástico, num lance tão surreal que me senti num filme do David Lynch.

> Uma mulher que aborta em uma clínica ou em casa pode ser julgada da mesma maneira que um Pimenta Neves ou um Goleiro Bruno.

Em 2016, me inspirei na experiência acompanhando o aborto caseiro da minha amiga e escrevi o episódio "A cada 9 minutos", na série jovem *Perrengue*. O nome do episódio se refere ao dado de que a cada 9 minutos uma mulher no mundo morre em decorrência de um aborto clandestino. No episódio de *Perrengue*, a personagem Carol (Giovana Echeverria) faz um aborto caseiro e é acompanhada por Pérola (Mariana Molina). As duas personagens não eram amigas, sequer se gostavam, mas naquele momento deixaram as diferenças de lado, uma para dar e a outra para receber apoio. Quando vi a cena pronta, que também foi dirigida por uma mulher, a diretora Tatiana de Lamare, senti pela primeira vez orgulho de trabalhar na indústria audiovisual ao pensar que pude, finalmente, trazer à tona uma experiência relevante e silenciada.

Também em 2016, a pesquisadora Debora Diniz conduziu a pesquisa mais completa do Brasil sobre abortamento ilegal. Nela se revela que o aborto é um fenômeno persistente em mulheres de todas as classes sociais, grupos sociais, recortes raciais e religiões. Sim, católicas e evangélicas abortam clandestinamente. Naquele período, Debora Diniz constatou que uma em cada cinco mulheres brasileiras até quarenta anos já tinha feito pelo menos um aborto. São suas amigas, chefes, colegas de trabalho, tias, sua mãe, sua filha, sua namorada. Ou melhor, somos. Eu sou uma delas.

Aos dezenove anos eu tinha terminado um namoro e começado outro. Eu sabia perfeitamente que estava grávida e de quem era. Mas também sabia que homem nenhum aceitaria de bom grado essa paternidade, ainda mais num momento de transição entre relacionamentos. Fiz meu aborto sem a presença do namorado, em uma clínica cara e chique. Acho que nunca fui tão silenciosa na minha vida, respondia a quem falava comigo com murmúrios. Eu estava apavorada.

Naquele momento, eu não sabia que o aborto era assunto exclusivamente de mulheres. Pedi para o meu melhor amigo na época ir comigo e ele se recusou; não lembro a desculpa, mas era simples. A garota que escutava suas confidências, que ficava no seu quarto até tarde lendo e ouvindo ele tocar bateria não era mais tão legal. No momento em que engravidei, passei a ser uma garota, e isso foi tão evidente que ele não pode suportar.

> Naquele momento, eu não sabia que o aborto era assunto exclusivamente de mulheres.

Na clínica, o médico e a enfermeira eram gentis; me fizeram exames, perguntas sobre a minha saúde, perguntaram se eu estava com medo. Eu estava, mas disse que não. Provavelmente eles sabiam. Com certeza sabiam. Estatísticas, afinal. Eu era um número. Uma em cada cinco. É muita gente, somos muitas. E como muitas, eu tirei a minha roupa e vesti um avental, e assim como tantas outras, eu me deitei na maca, e assim como tantas outras, colocaram o acesso na minha veia. Mas, ao contrário de muitas, eu saí dali viva e bem de saúde.

O procedimento foi um sucesso, e eu fui para casa com uma receita de antibióticos, anti-inflamatórios e analgésicos. Durante algumas semanas, usei absorventes gigantescos e fiquei me sentindo péssima por não sentir um pingo de culpa, por achar que tinha sido uma decisão coerente e acertada. As coisas que eu queria conquistar e tudo que eu queria ser não davam espaço para que eu tivesse um filho, não naquele momento. Não com aquele homem.

Acho que é importante dizer aqui: eu sempre quis ser mãe. Desejo que se realizou alguns anos depois. Eu sou mãe, e ao contrário da ideia recente de que toda maternidade é um fardo, eu gosto bastante. Gostei de estar grávida, gostei de parir e de amamentar. Acho que em grande parte meu apaziguamento com a maternidade vem de um fato simples: eu pensei, ponderei e tive uma filha quando desejava e me sentia pronta para isso. Não que a maternidade seja fácil para alguém, provavelmente não. Mas não é uma identidade que me esmaga nem me interdita. Acho que homens adultos são muito mais prejudiciais para as carreiras e os sonhos das mulheres do que as crianças, mas esse é assunto para outro texto.

> Acho que em grande parte meu apaziguamento com a maternidade vem de um fato simples: eu pensei, ponderei e tive uma filha quando desejava e me sentia pronta para isso.

É difícil para muita gente lidar com esse tipo de contradição: desde muito jovem eu me imaginava grávida, queria ser mãe, mas fiz um aborto quando engravidei. Bom, acho que é importante que se lide com isso. As vidas reprodutivas de mulheres não são linhas retas ou caixas em que a sociedade separa, à revelia da mulher, as maternidades adequadas e não adequadas, os abortos aceitáveis e não aceitáveis.

As únicas que podem dar valor para seus partos, abortos e gravidezes somos nós, que somos atravessadas por isso na nossa carne. Nem o Estado, nem a Igreja, nem a família podem definir o que é isso. No máximo, apoiar nossas decisões para que a nossa integridade física e mental sejam respeitadas enquanto passamos por esses processos.

Todo aborto ilegal é resultado de uma série de falhas da sociedade com a mulher. Falhamos quando reprimimos as meninas e pedimos que elas fechem as perninhas, se calem, se comportem como "uma mocinha". Falhamos quando, na frente delas, julgamos outras mulheres que estão grávidas ou abortam: golpe da barriga, piranha, interesseira. Falhamos quando, na adolescência, negamos informações verdadeiras sobre sexo e relacionamentos, deixando que elas fiquem vulneráveis a sexo desprotegido e a relacionamentos manipuladores e não saudáveis. Falhamos muito com a mulher adulta quando reproduzimos uma cultura na qual o prazer e o sexo são feios, sujos, e não o resultado de uma interação de desejo entre parceiros e parceiras. Toda a cultura desenha uma ideia de silêncio, recato e repulsa ao sexo para as mulheres, como se o natural fosse a negação da nossa própria sexualidade, e isso nos deixa em um lugar muito arriscado. Não conseguimos nos proteger de doenças, violência, gravidez indesejada e tampouco conseguimos gozar. É aí, nessa falha com as mulheres, que acontecem os abortos ilegais, arriscados, que mutilam e marcam as mulheres. A vergonha, a ilegalidade e o tabu nos matam, não o procedimento.

Ainda se vivêssemos em uma utopia em que todos os mecanismos institucionais apoiassem meninas e mulheres, que todas nós fôssemos informadas e livres, ainda assim existiria a gravidez indesejada. Pois métodos contraceptivos falham. E também porque somos humanas, bebemos álcool, nos apaixonamos, acreditamos e também falhamos. E isso não deveria ser motivo para sermos punidas, proibidas de interromper uma gravidez indesejada. Fato é que, se vivêssemos nessa utopia, poucas mulheres precisariam fazer um aborto. E, caso uma de nós precisasse, ninguém ia morrer por causa disso.

Um aborto não precisa marcar uma mulher para sempre, nem física nem emocionalmente. Eu sou a prova viva disso. Fiz o procedimento em uma clínica, com acompanhamento médico. Mas essa não é a única forma de se efetuar um aborto seguro: em muitos países onde o aborto é legalizado, as clínicas oferecem os medicamentos para que o procedimento seja feito em casa, com orientações de como fazê-lo, e segundo as evidências científicas, esse método é tão ou mais seguro que o método cirúrgico. Uma mulher vulnerável, sem dinheiro, sem rede de apoio, talvez não consiga nem uma clínica confiável nem medicação e, no desespero, pode apelar para métodos inseguros, como introduzir objetos pontiagudos na vagina, envenenamento, se jogar de lugares altos.

Também é possível que procurem lugares baratos e não confiáveis e se submetam a processos rudimentares e dolorosos, que aumentam o risco de infecção e morte. E por fim, o tabu social pode legitimar o assassinato de mulheres pelos seus parceiros, caso elas engravidem. A proibição do aborto no Brasil e em outras partes do mundo é mortal para as mulheres. Se minha vida hoje é plena e feliz, eu agradeço ao aborto que fiz, e meu desejo é que outras mulheres tivessem o amparo familiar que eu tive e o dinheiro que me blindou dos riscos e da violência.

> A proibição do aborto no Brasil e em outras partes do mundo é mortal para as mulheres.

O medo que eu tenho desse relato não é o medo do julgamento, isso já me abandonou faz tempo. O medo que sinto é de que ele não seja o suficiente para dizer tudo que é preciso ser dito sobre esse tema. O que me move agora é a certeza de que muitas mulheres podem encontrar nessas palavras um pouco de conforto, um abraço, um carinho. Um aborto não faz de você uma pessoa ruim, falha, insuficiente. Mas um aborto feito clandestinamente por cada mulher no Brasil revela que o Estado e nossos congressistas são ruins, falhos e insuficientes, pois preferem ter as mãos sujas com o nosso sangue, vendendo as nossas mortes e o nosso desespero para o proselitismo religioso e para o conservadorismo em troca de votos nas próximas eleições. Isso sim é pecado e deveria ser um crime imperdoável.

Um dia espero que mulheres possam falar de seus abortos sem medo. Sem se esconder atrás de moletons, sussurros, códigos. Que o aborto possa ser conversado pelas famílias durante o jantar, pelas amigas no cafezinho do trabalho, que as mães possam contar para as filhas sobre os seus abortos, que o plano de saúde cubra o procedimento, que o SUS esteja apto a atender mulheres que desejam abortar em segurança. Sei que talvez esse seja um texto difícil para minha mãe, para minha irmã e, futuramente, para minha filha. Ninguém gosta de saber que alguém que você ama sofreu, mas hoje posso dizer sem medo que o sofrimento não faz parte dessa equação. Eu sofri muito mais pelo silêncio e pela vergonha do que pelo aborto. Se eu pudesse conversar com a garota de dezenove anos que fui, eu a pegaria pela mão, a abraçaria e diria no seu ouvido: "Você vai ser a mulher que você sempre quis ser. Sua filha um dia vai vir. O amor é algo tão real que você vai conseguir segurar com as mãos. Confia. Eu estou aqui, no futuro, esperando por você."

Agradecimentos

Foram muitas as mãos invisíveis que me trouxeram até aqui, por isso, em primeiro lugar, agradeço a quem, em minha trajetória, simboliza as mulheres desconhecidas, com seus problemas familiares, domésticos, com seu conhecimento ancestral de gente, ervas e sonhos, e com sua habilidade de manter a vida acontecendo: Zilda Silva, minha avó materna, que mesmo sem saber ler e escrever injetou na família o amor pelas histórias, e Madalena Corrêa, minha avó paterna, um verdadeiro espírito rebelde, vitimada pela covid-19 em 2020.

Para as minhas amadas Donas de Casa, em especial à editora Ana Lima, que fez este livro ser possível quando eu mesma achei que não poderia mais. E também para Thayz Athayde e Priscilla Brito, por serem minhas primeiras leitoras, aquelas para quem não tenho medo de ser falha, insuficiente e um pouco boba.

Para Lucas, pelo seu amor generoso e por saber abrir o Google.

Por fim, não poderia deixar de agradecer imensamente às leitoras que me acompanham e que se dispõem a conversar comigo nas redes sociais pelas minhas contas no Instagram e no Twitter. Não é apenas nos livros que podemos encontrar conhecimento, é também na força do diálogo entre nós, mulheres, que outros mundos e outras realidades são possíveis.

Impressão e Acabamento:
GRÁFICA E EDITORA CRUZADO